中国梦
耕读文库

法治民生系列丛书
中国劳动保障科学研究院

困有所助

农村减贫

张新民　张照新◎总主编
孙树志◎主编　杭　静　周建文◎编著

中国民主法制出版社
2016年·北京

图书在版编目（CIP）数据

困有所助：农村减贫 / 杭静，周建文编著．-- 北京：中国民主法制出版社，2016.8

（法治民生系列丛书 / 张新民，张照新总主编）

ISBN 978-7-5162-1266-0

Ⅰ．①困… Ⅱ．①杭… ②周… Ⅲ．①农村－扶贫－中国－问题解答 Ⅳ．① F323.8-44

中国版本图书馆 CIP 数据核字（2016）第 188587 号

图书出品人 / 刘海涛
出版统筹 / 赵卜慧
责任编辑 / 刘春雨

书名 / 困有所助：农村减贫
作者 / 杭　静　周建文　编著

出版·发行 / 中国民主法制出版社
地址 / 北京市丰台区右安门外玉林里 7 号（100069）
电话 / 010-63292534　63057714（发行中心）　63055259（总编室）
传真 / 010-63292534
Http: //www.npcpub.com
E-mail: mzfz@npcpub.com
经销 / 新华书店
开本 / 32 开　889 毫米 ×1194 毫米
印张 / 5.625
字数 / 118 千字
版本 / 2016 年 9 月第 1 版　　2018 年 6 月第 8 次印刷
印刷 / 永清县金鑫印刷有限公司

书号 / ISBN 978-7-5162-1266-0
定价 / 18.00 元

序

所谓民生，是指民众的基本生存和生活状态，以及民众的基本发展机会、基本发展能力和基本权益保护的状况。也可以说，民生就是与实现民众的生存权利和发展权利有关的全部需求。所谓改善民生，就是促进民众的就业，增加民众的收入，增进民众的福祉，让民众有幸福感和获得感。

习近平总书记多次提到，实现好、维护好、发展好最广大人民根本利益是发展的根本目的，必须把增进人民福祉、促进人的全面发展作为发展的出发点和落脚点。

到2020年全面建成小康社会，是我们党确定的“两个一百年”奋斗目标的第一个百年奋斗目标，也是我们党作出的庄严承诺。党的十八届五中全会对全面建成小康社会决胜阶段目标任务作出了全面部署，提出了新的要求。当前，距离实现“第一个百年目标”的时间节点只有五年时间。这意味着，“十三五”期间，就是冲刺收官阶段。

当前，改善民生、增进人民福祉，有很多的事情要做：加快教育、就业、收入分配、社保、医疗卫生、食品安全等民生领域工作步伐，让民众能更多、更公平、更实在地共享改革发展成果；加快集约、高效、安全、持续的“农业现代化”建设步伐，让农民尽快富起来；按照精准扶贫、精准脱贫要求，用一套政策组合拳，确保在既定时间节点打赢扶贫开发攻坚战；扎实推进生态环境保护和生态文明建设，让良好生态环境成为人民生活质量的增长点，成为展现我国良好形象的发力点。

上述这些事情，也是民众，无论是城里人，还是农村人，最为关切的。为什么呢？这是因为，教育是改变民众自身和家庭命运最有效的途径和最广阔的平台，所以，为了改变命运，他们需要教育；就业是民生之本，对于民众来说，不能就业，生计就会出现问题；收入分配是社会公平公正的标杆，干活不给钱或少给钱，都会影响民心、影响生产、影响社会稳定；社保是解除民众顾虑之依托，有了社保，百姓就被装进“保险箱”，没有社保，生老病死、伤残、失业等后顾之忧就无法解除；医疗卫生、食品安全，也都是民众关心的热门问题，特别是随着人民生活水平的提高，其受关注的程度也越来越高；农业现代化是农民致富的源泉；精准扶贫是贫困群众摆脱贫穷的唯一途径；民众谁都不愿意长期生活在雾霾之中，须关心建设生态文明。

应该说，党和政府非常重视民生工作，出台了一系列法律法规和政策措施。但民生领域的多样性，导致现实生活中民生问题依然很多，民众在民生维权的道路上依然充满荆棘和曲折。长期以来，我国教育投入不足、农村义务教育落后、农民工子弟上学难，这些问题让农民家长们发愁，让农村孩子们不能无忧无虑地读书。目前我国仍处于劳动关系矛盾高发期和凸显期。劳动者，特别是农民在现实中权益受损害的现象较为普遍。一些企业特别是私营、个体企业不与职工签订劳动合同的现象比较普遍，劳动合同短期化、难续签的问题比较突出，一些企业还存在随意变更、解除和终止劳动合同的现象。一些企业侵犯职工的劳动报酬权，任意克扣和拖欠职工工资，侵犯职工的休息休假权，任意加班加点，延长工作时间，且不依法支付加班工资。一些企业不依法参加社会保险，逃避或少缴社会保险费，侵犯职工社会保险权益。一些企业不按规定为劳动者提供必要的劳动保护条件，劳动环境和工作条件恶劣，职业危害和安全事故时有发生。在医疗卫生方面，看病难、看病贵等问题严重影响人民的身体健康；在食品安全方面，假冒伪劣和有毒有害食品时刻威胁着民众的生命安全；生态环境每况愈下，雾霾警报不断升级，时刻刺激民众的神经。

如何引导民众共享民生发展成果？首先应该让他们学会依法维护自己的民生权益。党的十八届四中全会后，依法治国已上升到治国理政的国策地位。民众维护自己的权益，应该依法进行。但民生问题包括的范围广，涉及的内容多，政策性极强，而新政策又源源不断出台。民生领域的许多法律政策内行人尚且是雾里看花，外行人就更加难懂。为更好地帮助广大读者全面了解民生领域各项法律法规和政策措施，让广大民众更多地了解相关法律政策，更好地维护自身的合法权益，中国民主法制出版社与人力资源和社会保障部、农业部相关部门合作，就劳动保障和农业中涉及的有关民生问题，组织长期在劳动保障和农业部门工作的专业人员和理论工作者，编写了一套法治民生系列丛书。该丛书共18种。具体包括《民生之本：就业》《职业通衢：职业技能开发与培训》《体面劳动：和谐劳动关系》《劳有所得：企业工资分配》《和谐有方：劳动争议调解仲裁》《维权立盾：劳动保障监察》《老有所养：养老保险》《病有所医：医疗保险》《失有所助：失业保险》《伤有所救：工伤保险》《助益养老：企业年金》《控险之网：社会保险基金监督》《幸福之源：农民增收致富》《合作共赢：农民专业合作社》《困有所助：农村减贫》《自力之路：培育新型农业规模经营主体》《民以食为天：粮食生产与粮食安全》《居有其所：美丽乡村建设》等。

本丛书的最突出特点，一是全面系统。丛书基本涵盖了劳动保障和农业工作中民生方面现行的主要法律法规和政策，同时还介绍了相关基本知识和业务流程。二是针对性和操作性强。丛书采取问题解答式的写作方式，一问一答。问题基本都是实践中遇到的，所有解答既以法律政策为依据，又参考了地方实践经验。三是通俗易懂。作为普及性的读物，丛书力求以通俗易懂的语言解答人们普遍关心的劳动保障和农业领域热点难点民生问题。四是适用性广。丛书的适用人群就是广大关心自己民生权益，希望保护自己权益的劳动者，特别是那些民生权益正在受到损害或曾经受到损害的劳动者。丛书也可以满足从事劳动保障和农业业务的干部职工，帮助他们学习掌握基础理论知识、提升业务工作能力。同时，丛书还为那些关心劳动保障和农业事业的其他部门工作人员、理论工作者、在校学生等广大读者提供了一个全面了解劳动保障和农业相关业务及政策的窗口。希望本丛书能够满足广大读者的需要。

张新民

2016 年 5 月

目　录

第一编　农村减贫的目标任务

第三编 农村最低生活保障

第四编 农村五保户供养

第八编 扶贫资金

第九编 减轻农民负担

附 录

第一编
农村减贫的目标任务

改革开放以来我国农村扶贫开发工作取得了哪些成就？

贫困是世界各国和国际社会面临的共同挑战。促进发展，消除贫困，实现共同富裕，是人类孜孜以求的理想。中国是世界上人口最多的发展中国家，发展基础差、底子薄，不平衡现象突出。特别是农村贫困人口多，解决贫困问题的难度很大。因此，我国的减贫，在很大程度上就是解决农村的贫困问题。

我国在改革开放以来，经济发展中取得的一个突出成就是让绝大多数贫困人口摆脱了贫困。党和国家启动了全国范围内的有组织、有计划、大规模开发式扶贫，不断加大资金投入力度，创新扶贫开发机制，扎实推进扶贫开发工作，取得了举世瞩目的成就。

1. 农村贫困人口大幅度减少。减贫是人类社会的共同事业，中国的扶贫开发是全球减贫事业的重要组成部分。改革开放 37 年，中国已实现 7 亿多农村人口脱贫。中国提前实现了联合国千年发展目标中贫困人口减半的目标，为全球减贫事业作出了重大贡献。按照我国扶贫标准，1978—2010 年累计减少了 2.5 亿贫困人口，参考国际扶贫标准，我国共减少了 6.6 亿贫困人口，全球贫困人口数量减少的成就 93.3% 来自中国。

按照农民年人均纯收入 2300 元（2010 年不变价）以下为贫困人口的国家新标准：2012 年，农村扶贫对象减少了 2339 万人，总规模下降到 9899 万人，占农村户籍人口的比例下降到 10.2%，下降了 2.5 个百分点；2013 年底为 8249 万人，比上年减少了 1650 万人； 2014 年为 7017 万人，比上年减少了 1232 万人。2012—2014 年，贫困发生率年均下降 1.8 个百分点。

2. 贫困地区经济全面发展。贫困地区产业结构进一步优化，特色优势产业快速发展，县域经济综合实力不断增强。2001—2010 年，全国 592 个国家扶贫开发工作重点县人均地区生产总值从 2658 元增加到 11170 元，年均增长 17%；人均地方财政一般预算收入从 123 元增加到 559 元，年均增长 18.3%；农民人均纯收入从 2001 年的 1276 元，增加到 2010 年的 3273 元，年均增长 11%（未扣除物价因素）。2015 年，贫困县农民人均纯收入预计可达 6600 元以上，比 2010 年翻了一番，增长幅度连续 5 年高于全国农村平均水平。

3. 贫困地区生产生活条件明显改善。国家不断加大贫困地区基础设施建设投入，全面改善这些地方的生产生活条件。2002—2010 年，全国 592 个国家扶贫开发工作重点县新增基本农田 5245.6 万亩，新建及改扩建公路里程 95.2 万公里，新增教育卫生用房 3506.1 万平方米，解决了 5675.7 万人、4999.3 万头大牲畜的饮水困难。到 2010 年底，国家扶贫开发工作重点县农村饮用自来水、深水井农户达到 60.9%，自然村通公路比例为 88.1%、通电比例为 98%、通电话比例为 92.9%，农户人均住房面积 24.9 平方米，农户使用旱厕和水冲式厕所比重达 88.4%。贫困地区农村面貌发生明显变化。截至 2014 年，片区交通通畅乡镇占比达到 93.5%，94.4% 的乡镇和 78.3% 的建制村通客运班车或公交。贫困地区所有行政村和 90% 以上的自然村都通了电话。基本完成片区已通电行政村互联网全覆盖。

4. 贫困地区社会事业不断进步。农村义务教育得到加强，扫除青壮年文盲工作取得积极进展，到 2010 年底，国家扶贫开发工作重点县 7—15 岁学龄儿童入学率达到 97.7%，接近全国平均水平；青壮年文盲率为 7%，比 2002 年下降了 5.4 个百分点，青壮年劳动力平均受教育年限达到 8 年。新型农村合作医疗实现全覆盖，基层医疗卫生服务体系建设不断加强，目前，新农合参保率达 98% 以上，人均财政补助标准达到 320 元，财政内报销比例达到 75% 左右，在贫困地区全面推开 20 种重大疾病保障试点工作。公共文化服务体系建设继续得到加强，实施免费就业服务、为县级公共图书馆配流动图片车，引导优秀文化工作者到边远贫困地区、边疆民族地区和革命老区开展服务，为已通电自然村建设广播电视，补助行政村实施农村电影放映。

5. 贫困地区生态恶化趋势初步得到遏制。2002—2010 年，国家扶贫开发工作重点县实施退耕还林还草 14923.5 万亩，新增经济林 22643.4 万亩。国家扶贫开发工作重点县饮用水水源受污染的农户比例从 2002 年的 15.5% 下降到 2010 年的 5.1%，获取燃料困难的农户比例从 45% 下降到 31.4%。

改革开放以来我国出台了哪些扶贫政策措施？

我国农村扶贫工作取得国际社会一致称赞的成就，一方面得益于经济社会的发展，另一方面得益于国家扶贫政策显著有效。

1. 以发展促减贫。发展是减贫的前提和基础，国家经济实力的增强，使得“工业反哺农业、城市支持农村”和“多予、少取、放活”方针可以全面实施，促进了农村经济和社会的全面发展，更是使贫困地区和农村贫困人口普遍受益。国家相继取消了农业税、生猪屠宰税、农林特产税，特别是取消了在我国已存在 2600 多年的农业税，让广大农民彻底摆脱了缴纳农业税的历史。全面实行种粮农民直接补贴、良种补贴、农机具购置补贴和农资综合补贴，逐步建立和完善农村社会保障体系，推进农村饮水、电力、道路、沼气等基础设施建设和农村危房改造。推行集体林权制度改革，使农民真正拥有林地承包经营权和林木所有权，落实各项优惠政策，发展林下经济和森林旅游，增加农民收入。一些强农、惠农、富农政策率先在贫困地区实行，不少政策向贫困地区和贫困人口倾斜。国家不断加大对贫困地区和农村贫困人口的政策扶持力度，增加了对贫困地区的财政转移支付和专项扶持资金，把贫困地区具有优势的部分农产品纳入补贴范围。中央财政和地方财政安排的扶贫资金，从 2001 年的 127.5 亿元增加到 2010 年的 349.3 亿元。2014 年，中央财政专项扶贫资金投入继续增加，达到 433 亿元，增长 10%；中央专项彩票公益资金安排 15 亿元，省级财政预算安排专项扶贫资金 267 亿元，增长 28%。

2. 以战略促减贫。党中央、国务院高度重视扶贫工作，对扶贫开发作出了全面部署。国家先后制定了《国家八七扶贫攻坚计划（1994—2000 年）》《中国农村扶贫开发纲要（2001—2010 年）》和《中国农村扶贫开发纲要（2011—2020 年）》，不断明确扶贫开发的指导思想、目标任务、方针政策，把促进减贫定位成国家现代化战略的重要组成部分。其中，《中国农村扶贫开发纲要（2011—2020 年）》的实施，标志着扶贫开发已经从解决温饱为主要任务的阶段转入巩固温饱成果、改善生态环境、提高发展能力、缩小发展差距的新阶段。根据邓小平同志“两个大局”的战略构想，自世纪之交开始，国家不断丰富和完善区域发展战略，为贫困地区发展创造有利条件。西部大开发安排的生态发展、产业发展、基础设施、社会事业项目优先在贫困地区布局。实施振兴东北地区等老工业基地、促进中部地区崛起等战略，把促进农业农村发展、带动贫困人口脱贫致富放在重要位置。国家相继出台了一系列区域发展政策，促进西藏、四川、云南、甘肃、青海、贵州、新疆、广西等地经济社会发展，并把农村扶贫开发作为政策重点加以推进。

3. 以人为本促减贫。

（1）加强贫困地区基础设施建设，改善农村生产生活条件。

改善交通条件，推进乡（镇）和建制村通沥青（水泥）路建设，加强农村公路危桥改造和安保工程建设，推进乡镇客运站建设等。加强水利建设，着力解决贫困地区农村饮水困难问题，积极推进农村饮水安全工程建设。推进灌区续建配套与节水改造。加强防洪工程建设，加快病险水库除险加固、中小河流治理和水毁灾毁水利工程修复。解决无电人口用电问题，组织实施农村电网改造工程、中西部地区农网完善工程、户户通电工程、无电地区电力建设工程、新一轮农网改造升级工程和新农村电气化工程。从 2008 年起国家启动农村危房改造工程，到 2012 年中央财政资金和中央预算内投资投入农村危房改造，累计达 731.72 亿元。全国改造危房 500 万户，上千万贫困农户搬入新房或住房明显改善。农村危房改造工程，已覆盖全国陆地边缘县、西部地区县、国家重点贫困县、国务院确定享受西部大开发政策的县和新疆生产建设兵团团场。

（2）发展贫困地区社会事业，解决基本民生问题。

加大对农村家庭经济困难学生的资助力度，实施中西部农村初中校舍改造工程、全国中小学校舍安全工程和农村义务教育薄弱学校改造计划，健全义务教育、高中阶段教育和高等学校家庭经济困难学生资助体系；加强重点县乡镇卫生院、村卫生室建设，组织实施农村定向医学生免费培养项目；实施农村最低生活保障制度、五保供养制度；加强贫困地区生态建设，完善补助政策和生态补偿机制。

（3）帮助特殊贫困群体，保障基本生活。

加大少数民族地区扶贫开发力度。开展了“兴边富民”行动，实施了《扶持人口较少民族发展规划（2005—2010 年）》

和《扶持人口较少民族发展规划（2011—2015）》，各项扶贫政策措施向少数民族地区倾斜。促进贫困妇女公平就业，将“保障妇女获得平等的就业机会和分享经济资源的权利，提高妇女的经济地位”作为奋斗目标，在扶贫开发中制定了使妇女直接受益的各项政策措施。采取特殊措施帮助贫困残疾人，“十五”和“十一五”期间都制定了残疾人事业发展纲要，对缓解残疾人贫困问题作出明确要求。每年安排康复扶贫贷款和其他资金，扶贫资金和项目在同等条件下残疾人优先申请。为加快推进残疾人小康进程，2015 年国务院印发《关于加快推进残疾人小康进程的意见》（国发〔2015〕7 号），帮助残疾人实现收入水平较快增长，受教育程度稳步提高，康复服务不断拓展，权益得到有效维护，生存发展状况得到改善。

改革开放以来我国的扶贫战略进行了哪些调整？

我国区域经济发展不平衡，贫困人口在一些经济落后地区较为集中，政府采用了两种扶贫模式：一是促进地区经济发展的开发式扶贫模式；二是直接救助贫困人口。30 多年的实践证明，第一种模式比较适合贫困人口较为集中的地区，第二种模式比较适合贫困人口分散的经济较发达地区。

1984 年，中共中央、国务院印发《关于帮助贫困地区尽快改变面貌的通知》，标志着国家有组织、有计划、大规模减贫行动的开始。

1986 年，我国政府专门组建了扶贫开发工作机构——国务院贫困地区经济开发领导小组。1988 年，国务院将贫困地区经济开发领导小组与“三西”地区农业建设领导小组合并为国务院贫困地区经济开发领导小组。1993 年，更名为国务院扶贫开发领导小组，在各省、市、自治区分别建立了扶贫开发工作的领导机构和办公常设机构，国务院部分部委、各直属机构也成立了扶贫开发领导小组及工作机构，并向贫困地区派驻了常年工作小组，进行蹲点扶贫。各民主党派、各大中城市、各社会团体等社会各界，也相应开展了不同形式的扶贫工作，基本形成了以国家为主，社会参与为辅的扶贫格局。

1996年，中共中央、国务院在北京召开中央扶贫开发工作会议，动员全社会的力量，加大扶贫开发的力度，坚决实现国家“八七”扶贫攻坚计划。我国全面开始东西扶贫协作工作，确定东部9个省、市和4个计划单列市对口帮扶西部10个省、区，以东部发达省市对口西部贫困地区为主要方式支援西部地区扶贫开发建设，并不断增加对口支援省、市数量。

进入新世纪以来，国家更加注重动员全社会，包括民营企业参与扶贫开发，鼓励社会团体组织、社会公众群体等参与扶贫开发。据统计，共有310个中央党政机关、民主党派、社会团体和大型国有企业参与定点帮扶，实现了定点帮扶县的全覆盖。此外，与有关国际组织、双边机构和国内外非政府组织加强合作，联合实施多种形式扶贫项目。社会扶贫领域活力充分激发，形成了国家、市场、社会协作扶贫开发的良好局面。十八大以来，党中央、国务院把扶贫开发工作纳入“四个全面”战略布局，提出和实施了精准扶贫、精准脱贫的新方略，制定了一系列针对性强的重大举措。

目前，我国扶贫开发已经从以解决温饱问题为主要任务的阶段转入了巩固温饱成果、加快脱贫致富、改善生态环境、提高发展能力、缩小发展差距的新阶段。新阶段将在定点扶贫、东西扶贫协作、民营企业参与扶贫作为扶贫开发有效手段的同时，广泛动员社会力量，共同推进扶贫开发。2014年10月17日是全国首个“扶贫日”。设立全国“扶贫日”，充分体现了党中央、国务院对贫困地区贫困群众的关心爱护，是继续向贫困宣战的一个重要的举措，也是广泛动员社会各方面力量参与扶贫开发的一项重要制度安排。

我国 2011—2020 年农村扶贫的总体目标是什么？

党的十六大作出了全面建设小康社会的战略决策，提出力争 2020 年国内生产总值比 2000 年翻两番，同时明确了“经济更加发展、民主更加健全、科教更加进步、文化更加繁荣、社会更加和谐、人民生活更加殷实”的原则要求和政策取向。党的十七大提出确保到 2020 年实现全面建成小康社会的奋斗目标，把基本消除绝对贫困现象作为一项重要指标。2012 年，党的十八大重申确保到 2020 年实现全面建成小康社会的宏伟目标，并且明确提出经济发展的预期是到 2020 年国内生产总值和城乡居民人均收入比 2010 年翻一番。这就对城乡统筹发展、农村居民收入增长提出了明确要求。党的十八届五中全会明确提出，到 2020 年我国现行标准下农村贫困人口实现脱贫，贫困县全部摘帽，解决区域性整体贫困。

在全面建成小康社会的背景下，我国农村扶贫开发的总体目标是：到 2020 年，稳定实现扶贫对象不愁吃、不愁穿，保障其义务教育、基本医疗和住房。贫困地区农民人均纯收入增长幅度高于全国平均水平，基本公共服务主要领域指标接近全国平均水平，扭转发展差距扩大趋势。这意味着贫困地区农民收入和消费水平的提高幅度要快于一般全国平均水平，而且要大幅度提高贫困地区农民的社会保障、公共服务和自身发展能力。

“十三五”时期打赢脱贫攻坚战有哪些新要求？

“十三五”规划建议指出，农村贫困人口脱贫是全面建成小康社会最艰巨的任务。这是对脱贫攻坚在我国经济社会发展全局中所处位置的准确判断。越是任务艰巨越要迎难而上，确保到 2020 年农村贫困人口实现脱贫。

2015 年 11 月 23 日，中共中央政治局召开会议审议通过《中共中央、国务院关于打赢脱贫攻坚战的决定》，要求各级党委和政府必须把扶贫开发工作作为重大政治任务来抓，切实增强责任感、使命感、紧迫感，释放出举全党全社会之力，坚决打赢脱贫攻坚战的强大信号。

会议指出，扶贫开发事关全面建成小康社会，事关增进人民福祉，事关巩固党的执政基础，事关国家长治久安。中国扶贫开发已进入啃硬骨头、攻坚拔寨的冲刺期。

经过 30 多年来持续不断的扶贫开发，未解决的都是难啃的硬骨头。针对目前剩余的 7000 余万贫困人口，会议要求，到 2020 年通过产业扶持、转移就业、易地搬迁、教育支持、医疗救助等措施解决 5000 万人左右贫困人口脱贫，完全或部分丧失劳动能力的 2000 多万人口全部纳入农村低保制度覆盖范围，实行社保政策兜底脱贫。

会议强调，必须切实加强党的领导，为脱贫攻坚提供坚强政治保障。实行中央统筹、省（自治区、直辖市）负总责、市（地）县抓落实的领导体制和片区为重点、精准到村到户的工作机制。各级党委和政府特别是贫困地区的党委和政府，要逐级立下军令状，层层落实脱贫攻坚责任。

会议要求，实行最严格的考核督查问责，确保中央制定的脱贫攻坚政策尽快落地。要加强财政监督检查和审计、稽查等工作，建立扶贫资金违规使用责任追究制度。纪检监察机关对扶贫领域虚报冒领、截留私分、贪污挪用、挥霍浪费等违法违规问题，坚决从严惩处。

新时期我国扶贫开发工作方针和基本原则是什么？

新时期我国扶贫开发工作方针：

坚持开发式扶贫方针，实行扶贫开发和农村最低生活保障制度有效衔接。把扶贫开发作为脱贫致富的主要途径，鼓励和帮助有劳动能力的扶贫对象通过自身努力摆脱贫困；把社会保障作为解决温饱问题的基本手段，逐步完善社会保障体系。

新时期我国扶贫开发工作的基本原则：

1. 政府主导，分级负责。各级政府对本行政区域内扶贫开发工作负总责，把扶贫开发纳入经济社会发展战略及总体规划。实行扶贫开发目标责任制和考核评价制度。

2. 突出重点，分类指导。中央重点支持连片特困地区。加大对革命老区、民族地区、边疆地区扶持力度。根据不同地区经济社会发展水平，因地制宜制定扶贫政策，实行有差异的扶持措施。

3. 部门协作，合力推进。各相关部门要根据国家扶贫开发战略部署，结合各自职能，在制定政策、编制规划、分配资金、安排项目时向贫困地区倾斜，形成扶贫开发合力。

4. 自力更生，艰苦奋斗。加强引导，更新观念，充分发挥贫困地区、扶贫对象的主动性和创造性，尊重扶贫对象的主体地位，提高其自我管理水平和发展能力，立足自身实现脱贫致富。

5. 社会帮扶，共同致富。广泛动员社会各界参与扶贫开发，完善机制，拓展领域，注重实效，提高水平。强化政策措施，鼓励先富帮后富，实现共同富裕。

6. 统筹兼顾，科学发展。坚持扶贫开发与推进城镇化、建设社会主义新农村相结合，与生态建设、环境保护相结合，充分发挥贫困地区资源优势，发展环境友好型产业，增强防灾减灾能力，提倡健康科学生活方式，促进经济社会发展与人口资源环境相协调。

7. 改革创新，扩大开放。适应社会主义市场经济要求，创新扶贫工作机制。扩大对内对外开放，共享减贫经验和资源。继续办好扶贫改革试验区，积极探索开放式扶贫新途径。

现阶段我国扶贫工作面临的困难与挑战是什么？

我国扶贫开发已经从解决温饱为主转入了巩固温饱成果、加快脱贫致富、提高发展能力、改善生态环境的新阶段。随着工业化、城镇化、市场化的不断深入，我国经济实力、综合国力不断壮大，为新阶段扶贫工作提供了有利的条件。但是应该看到，我国仍处于并将长期处于社会主义初级阶段，经济社会发展的总体水平不高、区域发展不平衡问题仍然非常突出，贫困地区脱贫致富的任务仍然十分艰巨，贫困人口规模大、贫困程度深依然是我国贫困问题的基本特征。扶贫开发仍然面临很多困难和挑战。

1. 贫困地区发展滞后。我国贫困人口主要分布于自然条件较为恶劣的地区，一般来说，这些地区基础设施非常薄弱、增收产业缺失、文化习俗也较为落后，且人口分布较为分散，扶贫难度较大。

据不完全统计，我国 592 个国家扶贫重点县当中，有 378 个县分布于经济欠发达地区。全国 12.8 万个建档立卡村中，6.9 万个行政村不通客运班车。87.1 万个自然村中，33 万个不通沥青（水泥）路。贫困地区农田有效灌溉面积比全国平均水平低近 20 个百分点。

2. 扶贫对象规模大。2011 年，我国的扶贫标准上调引发扶贫任务的转变。中央决定，将农民人均纯收入 2300 元作为新的扶贫标准。在新的标准下，更多低收入人口纳入扶贫范围，我国贫困人口大规模增加。根据国家统计局提供的数据，到 2011 年底，我国扶贫工作覆盖面将从 2688 万人扩大至约 1.22 亿人，占农村户籍人口的 12.8%。截至 2013 年底，贫困发生率超过 20% 的有西藏、甘肃、贵州、新疆、云南和青海这 6 个少数民族比例较高的省（区）。

我国是一个发展中国家，区域、城乡发展不平衡的问题还很突出，相对贫困问题严重。虽然改革开放以来，我国有 7 亿多人脱贫，成为全球首个实现联合国千年发展目标贫困人口比例减半的国家。但直到现在，参照世界银行标准，我国仍有 2 亿多贫困人口。2014 年，全国 592 个国家扶贫开发工作重点县农民人均纯收入 6610 元，比全国农民平均水平低 3282 元，相对贫困问题严重。目前，全国有 14 个连片特困地区，592 个国家扶贫开发工作重点县，12.8 万个贫困村，3000 万个贫困户、7017 万贫困人口，面临着贫困人口多、贫困程度深、返贫问题突出等困难。贫困地区在农民收入、消费水平、基础设施、医疗卫生等方面，仍处于相对落后的状态。作为世界上最大的发展中国家，从根本上解决贫困问题是我国一项长期任务。

3. 扶贫对象返贫压力大。贫困地区贫困人口内生动力和发展能力弱的现象依然十分普遍。因病返贫，因市场风险返贫常见。贫困地区自然灾害发生率高、防灾抗灾能力弱、灾后重建任务重。一遇灾害，往往使多年的扶贫成果毁于一旦。在因病因灾等传统致贫因素尚未消减的情况下，来自于市场变化、工程移民、生态保护和资源开发等新的致贫因素又在日益增加。

今后一个时期我国扶贫开发的主要任务是什么？

根据《中国农村扶贫开发纲要（2011—2020年）》，今后一个时期我国扶贫开发的主要任务包括以下十二个方面：

1. 基本农田和农田水利。到2015年，贫困地区基本农田和农田水利设施有较大改善，保障人均基本口粮田。到2020年，农田基础设施建设水平明显提高。

2. 特色优势产业。到2015年，力争实现1户1项增收项目。到2020年，初步构建特色支柱产业体系。

3. 饮水安全。到2015年，贫困地区农村饮水安全问题基本得到解决。到2020年，农村饮水安全保障程度和自来水普及率进一步提高。

4. 生产生活用电。到2015年，全面解决贫困地区无电行政村用电问题，大幅度减少西部偏远地区和民族地区无电人口数量。到2020年，全面解决无电人口用电问题。

5. 交通。到2015年，提高贫困地区县城通二级及以上高等级公路比例，除西藏外，西部地区80%的建制村通沥青（水泥）路，稳步提高贫困地区农村客运班车通达率。到2020年，实现具备条件的建制村通沥青（水泥）路，推进村庄内道路硬化，实现村村通班车，全面提高农村公路服务水平和防灾抗灾能力。

6. 农村危房改造。到2015年，完成农村困难家庭危房改造800万户。到2020年，贫困地区群众的居住条件得到显著改善。

7. 教育。到2015年，贫困地区学前三年教育毛入园率有较大提高；巩固提高九年义务教育水平；高中阶段教育毛入学率达到80%；保持普通高中和中等职业学校招生规模大体相当；提高农村实用技术和劳动力转移培训水平；扫除青壮年文盲。到2020年，基本普及学前教育，义务教育水平进一步提高，普及高中阶段教育，加快发展远程继续教育和社区教育。

8. 医疗卫生。到 2015 年，贫困地区县、乡、村三级医疗卫生服务网基本健全，县级医院的能力和水平明显提高，每个乡镇有 1 所政府举办的卫生院，每个行政村有卫生室；新型农村合作医疗参合率稳定在 90% 以上，门诊统筹全覆盖基本实现；逐步提高儿童重大疾病的保障水平，重大传染病和地方病得到有效控制；每个乡镇卫生院有 1 名全科医生。到 2020 年，贫困地区群众获得公共卫生和基本医疗服务更加均等。

9. 公共文化。到 2015 年，基本建立广播影视公共服务体系，实现已通电 20 户以下自然村广播电视全覆盖，基本实现广播电视户户通，力争实现每个县拥有 1 家数字电影院，每个行政村每月放映 1 场数字电影；行政村基本通宽带，自然村和交通沿线通信信号基本覆盖。到 2020 年，健全完善广播影视公共服务体系，全面实现广播电视户户通；自然村基本实现通宽带；健全农村公共文化服务体系，基本实现每个国家扶贫开发工作重点县（以下简称重点县）有图书馆、文化馆，乡镇有综合文化站，行政村有文化活动室。以公共文化建设促进农村廉政文化建设。

10. 社会保障。到 2015 年，农村最低生活保障制度、五保供养制度和临时救助制度进一步完善，实现新型农村社会养老保险制度全覆盖。到 2020 年，农村社会保障和服务水平进一步提升。

11. 人口和计划生育。到 2015 年，力争重点县人口自然增长率控制在 8‰以内，妇女总和生育率在 1.8 左右。到 2020 年，重点县低生育水平持续稳定，逐步实现人口均衡发展。

12. 林业和生态。到 2015 年，贫困地区森林覆盖率比 2010 年底增加 1.5 个百分点。到 2020 年，森林覆盖率比 2010 年底增加 3.5 个百分点。

今后一个时期我国扶贫开发的10项重点工作是什么？

中共中央办公厅、国务院办公厅《关于创新机制扎实推进农村扶贫开发工作的意见》提出，今后一个时期，我国要针对制约贫困地区发展的瓶颈，进一步整合力量、明确责任、明确目标，组织实施扶贫开发的十项重点工作，并且明确了各部委分工，具体如下：

1. 村级道路畅通工作。按照《全国农村公路建设规划》确定的目标任务，结合村镇行政区划调整、易地扶贫搬迁、特色产业发展和农村物流等工作，加大对贫困地区农村公路建设支持力度。加强安全防护设施建设和中小危桥改造，提高农村公路服务水平和防灾抗灾能力。到2015年，提高贫困地区县城通二级及以上高等级公路比例，除西藏外，西部地区80%的建制村通沥青（水泥）路，稳步提高贫困地区农村客运班车通达率，解决溜索等特殊问题。到2020年，实现具备条件的建制村通沥青（水泥）路和通班车。（由交通运输部、国家发改委、财政部等分工负责）

2. 饮水安全工作。继续全力推进《全国农村饮水安全工程"十二五"规划》实施，优先安排贫困地区农村饮水安全工程建设，确保到2015年解决规划内贫困地区剩余的农村居民和学校师生饮水安全问题。到2020年，农村饮水安全保障程度和自来水普及率进一步提高。（由国家发改委、水利部、国家卫生计生委、环境保护部等分工负责）

3. 农村电力保障工作。与易地扶贫搬迁规划相衔接，加大农村电网升级改造工作力度。落实《全面解决无电人口用电问题三年行动计划(2013—2015年)》，因地制宜采取大电网延伸以及光伏、风电光电互补、小水电等可再生能源分散供电方式。到2015年，全面解决无电人口用电问题。（由国家能源局、国

家发改委、财政部、水利部等分工负责）

4. 危房改造工作。制定贫困地区危房改造计划，继续加大对贫困地区和贫困人口倾斜力度。明确建设标准，确保改造户住房达到最低建设要求。完善现有危房改造信息系统，有步骤地向社会公开。加强对农村危房改造的管理和监督检查。到 2020 年，完成贫困地区存量农村危房改造任务，解决贫困农户住房安全问题。（由住房城乡建设部、国家发改委、财政部等分工负责）

5. 特色产业增收工作。指导连片特困地区编制县级特色产业发展规划。加强规划项目进村到户机制建设，切实提高贫困户的参与度、受益度。积极培育贫困地区农民合作组织，提高贫困户在产业发展中的组织程度。鼓励企业从事农业产业化经营，发挥龙头企业带动作用，探索企业与贫困农户建立利益联结机制，促进贫困农户稳步增收。深入推进科技特派员农村科技创业行动，加快现代农业科技在贫困地区的推广应用。到 2015 年，力争每个有条件的贫困农户掌握 1—2 项实用技术，至少参与 1 项养殖、种植、林下经济、花卉苗木培育、沙产业、设施农业等增收项目，到 2020 年，初步构建特色支柱产业体系。不断提高贫困地区防灾避灾能力和农业现代化水平。畅通农产品流通渠道，完善流通网络。推动县域经济发展。（由农业部、国家林业局、国务院扶贫办、商务部、国家发改委、科技部、全国供销合作总社等分工负责）

6. 乡村旅游扶贫工作。加强贫困地区旅游资源调查，围绕美丽乡村建设，依托贫困地区优势旅游资源，发挥精品景区的辐射作用，带动农户脱贫致富。统筹考虑贫困地区旅游资源情况，在研究编制全国重点旅游区生态旅游发展规划时，对贫困乡村旅游发展给予重点支持。结合交通基础设施建设、农村危房改造、农村环境综合整治、生态搬迁、游牧民定居、特色景观旅游村镇、历史文化名村名镇和传统村落及民居保护等项目建设，加大政策、资金扶持力度，促进休闲农业和乡村旅游业发展。到 2015 年，扶持约 2000 个贫困村开展乡村旅游。到 2020 年，扶持约 6000 个贫困村开展乡村旅游，带动农村劳动力就业。（由国家发改委、国家旅游局、环境保护部、住房城乡建设部、农业部、国家林业局等分工负责）

7. 教育扶贫工作。全面实施教育扶贫工程。科学布局农村义务教育学校，保障学生就近上学。大力发展现代职业教育，办好一批中、高等职业学校，支持一批特色优势专业，培育当地产业发展需要的技术技能人才。完善职业教育对口支援机制，鼓励东部地区职业院校（集团）对口支援贫困地区职业院校。国家制定奖补政策，实施中等职业教育协作计划，支持贫困地区初中毕业生到省内外经济较发达地区中等职业学校接受教育。广泛开展职业技能培训，使未继续升学的初高中毕业生等新成长劳动力都能接受适应就业需求的职业培训。继续推进面向贫困地区定向招生专项计划和支援中西部地区招生协作计划的实施，不断增加贫困地区学生接受优质高等教育机会。到 2015 年，贫困地区义务教育巩固率达到 90% 以上，学前三年教育毛入园率达到 55% 以上，高中阶段毛入学率达到 80% 以上。到 2020 年，贫困地区基本普及学前教育，义务教育水平进一步提高，普及高中阶段教育，基础教育办学质量有较大提升，职业教育体系更加完善，教育培训就业衔接更加紧密，高等教育服务区域经济社会发展能力和继续教育服务劳动者就业创业能力持续提高。（由教育部、国家发改委、财政部、国务院扶贫办、人力资源和社会保障部、公安部、农业部等分工负责）

8. 卫生和计划生育工作。进一步健全贫困地区基层卫生计生服务体系，加强妇幼保健机构能力建设，加大重大疾病和地方病防控力度，采取有效措施逐步解决因病致贫、因病返贫问题。加强贫困地区计划生育工作，加大对计划生育扶贫对象的扶持力度。到 2015 年，贫困地区县、乡、村三级卫生计生服务网基本健全，县级医院的能力和水平明显提高，每个乡镇有 1 所政府举办的卫生院，每个行政村有卫生室；新型农村合作医疗参合率稳定在 90% 以上；逐步提高儿童医疗卫生保障水平，重大传染病和地方病得到有效控制。到 2020 年，贫困地区群众获得的公共卫生和基本医疗服务更加均等，服务水平进一步提高，低生育水平持续稳定，逐步实现人口均衡发展。(由国家卫生计生委、国家发改委、财政部等分工负责)

9. 文化建设工作。加强贫困地区公共文化服务体系建设，提高服务效能，积极推进公共数字文化建设。统筹有线电视、直播卫星、地面数字电视等多种方式，提高电视覆盖率。充分利用村级组织活动场所等现有设施，积极开展群众性文化活动。到 2015 年，基本建成以县级公共图书馆、文化馆和乡镇综合文化站为主干的公共文化设施网络。到 2020 年，全面实现广播电视户户通。(由文化部、新闻出版广电总局、国家发改委、财政部等分工负责)

10. 贫困村信息化工作。推进贫困地区建制村接通符合国家标准的互联网，努力消除“数字鸿沟”带来的差距。整合开放各类信息资源，为农民提供信息服务。每个村至少确定 1 名有文化、懂信息、能服务的信息员，加大培训力度，充分利用有关部门现有培训项目，着力提高其信息获取和服务能力。到 2015 年，连片特困地区已通电的建制村，互联网覆盖率达到 100%，基本解决连片特困地区内义务教育学校和普通高中、职业院校的宽带接入问题。到 2020 年，自然村基本实

现通宽带。（由工信部、农业部、科技部、教育部、国务院扶贫办等分工负责）

新时期我国确立了怎样的扶贫开发工作成效考核指标？

2016年2月，中共中央办公厅、国务院办公厅印发了《省级党委和政府扶贫开发工作成效考核办法》，明确省级党委、政府主要负责人和领导班子综合考核评价指标。

考核指标包括以下四个方面：

1. 减贫成效。考核建档立卡贫困人口数量减少、贫困县退出、贫困地区农村居民收入增长情况。

2. 精准识别。考核建档立卡贫困人口识别、退出精准度。

3. 精准帮扶。考核对驻村工作队和帮扶责任人帮扶工作的满意度。

4. 扶贫资金。依据财政专项扶贫资金绩效考评办法，重点考核各省（自治区、直辖市）扶贫资金安排、使用、监管和成效等。

确立如此详细的评价指标，体现了国家对扶贫进行“精准考核”的政策取向。此外，考核办法提出，考核指标的数据来源除了扶贫开发信息系统、全国农村贫困监测等“官方”数据外，还将适当引入第三方评估。由国务院扶贫开发领导小组委托有关科研机构和社会组织，采取专项调查、抽样调查和实地核查等方式，对相关考核指标进行评估，让脱贫成效更加体现民声和民意，使各项脱贫数据更可靠、更公正。

我国扶贫标准经历了几次变化？最新的国家扶贫标准是什么？

1986年，我国政府第一次制定国家贫困标准，使用恩格尔系数法测定，农民人均纯收入低于206元即为贫困人口，以后根据物价指数逐年调整。

2000 年，国家第二次制定国家贫困标准。为适应全面建设小康社会的要求，将人均纯收入低于 865 元的低收入农村人口纳入扶贫范围。低收入标准与贫困标准同时使用，并根据物价指数逐年调整。

2008 年，党的十七大提出逐步提高扶贫标准。将绝对贫困标准和低收入标准合一，统一使用 1067 元作为扶贫标准。明确低收入以下农村人口为扶贫工作对象，全面实施扶贫政策。

2011 年，国家再次大幅度提高扶贫标准，将农民年人均纯收入 2300 元（2010 年不变价）作为新的国家扶贫标准。这一标准比原标准提高了 92%，将更多低收入人口纳入扶贫范围。

国际扶贫标准是如何确定的？

世界银行使用购买力平价方法进行贫困状况的国际比较，将最低收入国家每人每天生活费低于 1.25 美元作为国际极端贫困标准。由于国际扶贫标准要进行跨国比较，各国数据首先要转化成一种共同的货币计价，世界银行通过这种购买力平价法消除各国价格水平差异，以进行收入、贫困、不平等以及支出格局方面的比较。

联合国千年发展目标是什么？

联合国千年发展目标（Millennium Development Goals，简称 MDGs）是联合国全体 191 个成员一致通过的一项旨在将全球贫困水平在 2015 年之前降低一半（以 1990 年的水平为标准）的行动计划。

2000 年 9 月，在联合国千年首脑会议上，由 189 个国家签署《联合国千年宣言》，正式做出此项承诺。世界各国领导人就消除贫穷、饥饿、疾病、文盲、环境恶化和对妇女的歧视，商定了一套有时限的目标和指标，共八项：

1. 消灭极端贫穷和饥饿。

2. 实现普及初等教育。

3. 促进两性平等并赋予妇女权利。

4. 降低儿童死亡率。

5. 改善产妇保健。

6. 与艾滋病毒 / 艾滋病、疟疾和其他疾病作斗争。

7. 确保环境的可持续能力。

8. 制定促进发展的全球伙伴关系。

这些目标和指标被置于全球议程的核心，统称为千年发展目标，所有目标完成时间是 2015 年。

这是一幅由全世界所有国家和主要发展机构共同展现的蓝图，这些国家和机构已全力以赴来满足全世界最穷人的需求。千年发展目标新标志为“我们能够消除贫穷！”，标志分别由“我们能够”“消除贫穷”“2015”“千年发展目标”四部分组成，其中“2015”中的“0”用一个类似旋转的地球来表达。

我国贫困人口数量发生了什么变化？

无论是按照国内标准还是国际标准，我国农村贫困人口的数量都在大幅度下降，我国已经提前完成了联合国千年发展目标中到 2015 年使贫困人口比例减半的任务。

按照我国 1986 年扶贫标准，1978 年我国贫困人口为 2.5 亿人，1986 年贫困人口减少至 1.25 亿人，减少了一半；2001 年贫困人口已降至 2927 万人；2007 年降至 1000 万人以下。

按照我国 2008 年提高标准后的扶贫标准，2001 年扶贫对象为 9029 万人，到 2010 年减少至 2688 万人。

按照世界银行每人每天消费 1.25 美元的标准，有关专家的估标，2002 年我国贫困人口为 3.63 亿人，2008 年减少至 1.31 亿人。

按照最新的国家扶贫标准，2011 年底我国农村扶贫对象为 1.23 亿人，到 2014 年底农村扶贫对象已降至 7017 万人。

为什么要给扶贫对象建档立卡?

《中国农村扶贫开发纲要（2011—2020 年）》确立了“工作到村、扶贫到户”的工作机制。通过努力，各地都搭建起了整村推进、联村办点、驻村帮扶等村级扶贫工作平台，但由于扶贫对象底数不清、贫困信息不完善等因素影响，扶贫到户“最后一公里”的问题还没有很好解决。中共中央办公厅、国务院办公厅在《关于创新机制扎实推进农村扶贫开发工作的意见》中提出，要对每个贫困村、贫困户建档立卡，将其作为建立精准扶贫工作机制的一项硬任务，要求各省以县为单位，分级负责，精准识别，逐村逐户建档立卡。

建档立卡中包括了全国所有贫困县的指标数据，也包括有全国 14 个片区、720 个贫困县数据。指标体系分为户级数据、村级数据、县级数据和片区数据四个层级。户级数据共 59 类一级指标，200 多个三级指标数据；村级指标有 8 个一级指标，126 个三级指标，400 多个四级指标；贫困县级数据共分为 5 个一级指标数据和 109 个三级指标，300 多个四级指标，这些指标都是全面反映扶贫脱贫的各种指标。

实施扶贫对象识别和建档立卡，将打破贫困需求和扶贫力量之间的“信息鸿沟”，实现扶贫对象和帮扶政策、资源的有效对接。在专项扶贫、行业扶贫和社会扶贫“三位一体”的大扶贫工作格局下，通过扶贫对象识别和建档立卡，建立健全农村扶贫对象信息系统，实行信息化管理，构建起民政、交通、教育、卫生、住建、农业、林业、水利、国土、旅游、文化、经信、广电、电力等部门通用的扶贫工作信息平台，利于相关部门快速准确地找到扶贫对象，有针对性地采取帮扶措施。同时，也为社会各界开展扶贫济困、投身扶贫公益事业畅通了信息渠道。

实施扶贫对象识别和建档立卡也为开展贫困监测提供有力支撑。通过调查，准确掌握扶贫对象家庭成员住房、交通、饮水、教育、社保、产业、技能等详细情况，纳入扶贫对象信息系统综合分析，形成的相关数据资料，既能对扶贫开发工作成效进行客观评估，也能对全国贫困状况进行科学研判，增强扶贫工作的前瞻性，从而更好地制定政策措施。

为什么要实施精准扶贫?

精准扶贫，是指针对不同贫困区域环境、不同贫困农户状况，运用科学有效程序对扶贫对象实施精确识别、精确帮扶、精确管理的治贫方式。一般来说，精准扶贫主要是就贫困居民而言的，谁贫困就扶持谁。

目前，全国农村贫困居民人口数量，是国家统计局根据全国 7.4 万户农村住户调查样本数据推算出来的。这对于研究贫困居民规模、分析贫困发展趋势比较科学，但在具体工作中却存在“谁是贫困居民”“贫困原因是什么”“怎么针对性帮扶”“帮扶效果怎样”等不确定的问题。因此，对于具体贫困居民、贫困农户的帮扶工作就存在许多盲点，真正的一些贫困农户和贫困居民没有得到帮扶。

根据这些扶贫工作中的新情况、新问题，党中央、国务院提出对扶贫开发进行方式创新，以新思维、新思路提出建立精准扶贫工作机制，这是对扶贫工作提出的新要求，是打好新一轮扶贫开发攻坚战的根本方法和指导方针，对进一步加强和改善新时期的扶贫攻坚工作有着极其重要的作用。2014 年发布的《关于创新机制扎实推进农村扶贫开发工作的意见》，明确提出了改进贫困县考核机制、建立精准扶贫工作机制、改革财政专项扶贫资金管理机制。2014 年政府工作报告中再次提出“实行精准扶贫，确保扶贫到村到户”。

如何更有效地实施精准扶贫？

习总书记指出，扶贫开发推进到今天这样的程度，贵在精准，重在精准，成败之举在于精准；坚持精准扶贫、精准脱贫关键是要找准路子、构建好的体制机制，在精准施策上出实招、在精准推进上下实功、在精准落地上见实效。这为脱贫攻坚明确了方向、提出了要求。

在精准施策上出实招。一是建设国家扶贫开发大数据平台，对每个贫困村、贫困户建档立卡，在精准识别上摸实情，真正解决好“扶持谁”的问题，为精准扶贫、精准脱贫打好基础。二是建设省级扶贫开发投融资平台和县级扶贫开发资金项目整合管理平台，拓展扶贫投入渠道，切实增加扶贫投入。在县一级，把专项扶贫资金、相关涉农资金和社会帮扶资金捆绑集中使用，加强资金监管，切实提高资金使用效果。三是建设乡村扶贫脱贫落实工作平台。在贫困乡建立扶贫工作站，在贫困村选派好第一书记、建设好驻村工作队，配合村两委落实帮扶措施和帮扶责任，保证贫困户有人帮、有人扶。进一步完善中央统筹、省（自治区、直辖市）负总责、市（地）县抓落实的工作机制。强化脱贫工作责任考核，对贫困县重点考核脱贫成效。四是建设社会扶贫对接平台，以社会扶贫网为载体，实现贫困村贫困户帮扶需求和社会扶贫资源有效对接。

在精准推进上下实功。贯彻落实“六个精准”要求，做到扶持对象精准、项目安排精准、资金使用精准、措施到户精准、因村派人精准、脱贫成效精准。坚持扶贫开发与经济社会发展相互促进，坚持精准帮扶与集中连片特困地区开发紧密结合，坚持扶贫开发与生态保护并重，坚持扶贫开发与社会保障有效衔接。继续深化贫困县考核、干部驻村帮扶、精准扶贫、财政专项扶贫资金管理、金融服务、社会参与等精准扶贫机制改革，建立健全考核机制、贫困退出机制和第三方评估机制，为精准推进提供体制机制保障。大力实施专项行动和专项工程，把行业精准扶贫精准脱贫工作落到实处：实施教育扶贫行动，实施金融扶贫行动，实施劳务协作对接行动，实施交通扶贫行动，实施中央企业与革命老区百县万村帮扶行动，实施民营企业万企帮万村行动，实施整村推进工程，实施职业教育培训工程，实施扶贫小额信贷工程，实施电商扶贫工程，实施旅游扶贫、光伏扶贫、构树扶贫、贫困村创业致富带头人培训、龙头企业带动等工程。

在精准落地上见实效。稳扎稳打，一步一个脚印，确保各项扶贫政策措施落到实处。要层层落实责任，落实贫困县主体责任，落实相关部门的行业扶贫责任，落实驻村工作队和第一书记的帮扶责任，不脱贫不脱钩。夯实精准扶贫基础，建立分类施策政策体系，确保扶贫资金和政策精准落实到村到户到人。加强贫困村基层组织建设，充分调动贫困群众的积极性，提高其参与度、获得感，激励其自力更生，激发其脱贫的内生动力与活力。实施更广泛的社会动员：提高党政机关和企事业单位定点帮扶、东西部扶贫协作的精准性、针对性、有效性；进一步动员民营企业、社会组织和公民个人广泛参与，凝聚扶贫攻坚强大合力。

扶贫到村到户的方式和措施有哪些?

扶贫到村到户的方式和措施主要是六个“到村到户”，即结对帮扶到村到户、产业扶持到村到户、教育培训到村到户、农村危房改造到村到户、生态移民到村到户、基础设施到村到户。

1. 结对帮扶到村到户。与同步小康驻村工作结合起来，组建精准扶贫工作队，发挥好驻村干部的积极作用。同时鼓励各类企业、社会组织和个人以多种形式与农户建立利益联结机制，完善对口帮扶和定点帮扶长效机制。

2. 产业扶持到村到户。扩大农户参与和选择扶贫项目的自主权，按照因地制宜、突出重点、统筹规划、分类指导原则，加快形成一批特色优势产业村、种养殖户、把扶持资金真正落实到每村每户的产业项目上。

3. 教育培训到村到户。一是加大义务教育力度，确保每个孩子按时完成学业；二是加大职业教育力度，利用教育“9+3”计划，将中职招生向贫困家庭倾斜，免除中等职业教育学校家庭经济困难学生学费；三是整合各类培训资源，加强职业教育培训力度，增强培训的针对性与时效性。通过“雨露计划”“阳光工程”等方式，对有劳动力的贫困对象开展农业实用技术、产业化技能培训，提高贫困群众外出务工就业技能和农业生产技术水平。

4. 农村危房改造到村到户。坚持“危险房屋鉴定到户，改造任务落实到户，设计图纸提供到户，施工技术指导到户，补助资金拨付到户，竣工验收具体到户”的原则，按照“群众自建为主，政府给予适当补助”的要求，切实改善农村困难群众基本居住条件。

5. 生态移民到村到户。按照“搬得出、留得住、能就业、有保障”的要求，科学规划选点，集中安置生态环境脆弱、生活条件落后、石漠化严重、交通不便深山区、石山区的贫困农户，坚持尊重群众自愿的原则，确定移民搬迁对象。

6. 基础设施到村到户。以“四在农家 美丽乡村”建设为抓手，大力实施小康路、小康水、小康房、小康电、小康讯和小康寨建设，推动基础设施向农村延伸，改善农村生产生活条件，建设成“生产发展、生活宽裕、乡风文明、村容整洁、管理民主”的社会主义新农村。

国家级贫困县的标准是什么？

为了集中使用扶贫资金，有效地扶持贫困人口，我国制定了国家重点扶持贫困县的标准，确定了一批国家级贫困县。随着经济的发展，贫困地区经济状况不断改善，对贫困县的标准也不断调整。

1986 年，第一次确定的国家扶持贫困县标准为：以县为单位，1985 年农民年人均纯收入低于 150 元的县。国家确立了 331 个国家级贫困县。

1994 年，我国重新调整了国家重点扶持贫困县的标准。具体标准是：以县为单位，凡是 1992 年农民人均纯收入低于 400 元的县全部纳入国家级贫困县；凡是 1992 年人均纯收入高于 700 元的原国家级贫困县，一律退出国家扶持范围。按照这个标准，纳入《国家八七扶贫攻坚计划》的国家重点扶持的贫困县共有 592 个，分布在 21 个省（自治区、直辖市），涵盖全国 72% 以上的农村贫困人口。

进入新世纪后，东部沿海地区贫困发生率明显降低。根据贫困人口主要集中在中西部的新特点，我国在中西部地区确定了 592 个国家级贫困县。2002 年，国家级贫困县的贫困人口占全国总数的 62.1%，低收入人口占全国总数的 52.8%。在贫困县内部，贫困人群和非贫困人口的分化也越来越明显，扶贫资金的使用以及区域经济的增长能否惠及真正的贫困人口，成为一个突出问题。为了瞄准扶贫目标，2001 年起，在贫困县的范围内确定了一批重点贫困村，继而又在全国各省确定了 14.8 万个重点贫困村，以村为单位，采取分期分批、整村推进的方法，进行开发式扶贫。在首批启动扶贫开发的贫困村中，又对贫困户进行了认定。

“国家扶贫开发工作重点县”是否有退出机制？

《中国农村扶贫开发纲要（2011—2020 年）》鼓励各省（区、市）制定办法，采取措施，根据实际情况对扶贫开发重点县进行调整，实现重点县数量逐步减少。扶贫开发重点县减少的省，国家的支持力度不减。

从上世纪 80 年代中期开始，我国的扶贫开发经历了几个重要阶段，每一次变化都会对国家级贫困县进行调整。上世纪 80 年代中期到 1994 年《国家八七扶贫攻坚计划》出台，国家级贫困县从 331 个增加至 592 个。2001 年，国务院颁布实施了《中国农村扶贫开发纲要（2001—2010 年）》，对国家级贫困县再次进行了调整：取消了东部六省的 33 个贫困县指标，再加上西藏原来的 5 个贫困县指标，共 38 个县的指标被分配到中西部的其他省区。这次调整后国家级贫困县数量还是 592 个，但结构发生了改变，东部经济发达地区不再有国家级贫困县。此外，国家级贫困县的名称也发生了变化，由原来的“国家级贫困县”改为“国家扶贫开发工作重点县”。2011 年，《中国农村扶贫开发纲要（2011—2020 年）》（以下简称新《纲要》）颁布实施。新《纲要》强调了三个重点：第一，国家对重点县支持政策不变；第二，各省（区、市）要制定办法，采取措施，从实际出发进行调整，实现重点县总量的逐步减少；第三，国家鼓励各省（区、市）减少重点县，对于重点县减少的省，国家支持力度不减。经过这一轮调整，根据“高出低进、出一进一、严格程序、总量不变”的原则，全国共有 38 个县退出，又有 38 个县进入重点县名单。

国家扶贫开发工作重点县有调整、有退出。在国务院扶贫开发领导小组第二次全体会议上，国务院副总理、国务院扶贫开发领导小组组长汪洋强调，要研究建立国家扶贫开发工作重点县退出机制和约束机制，管好用好扶贫资金，探索扶贫资金分配与扶贫成效挂钩办法，确保扶贫资金真正惠及扶贫对象。

我国农村扶贫对象的范围是什么？

我国农村扶贫对象包括三类：

一是在扶贫标准以下具备劳动能力的农村人口。

二是 14 个连片特困地区。包括六盘山区、秦巴山区、武陵山区、乌蒙山区、滇桂黔石漠化区、滇西边境山区、大兴安岭南麓山区、燕山—太行山区、吕梁山区、大别山区、罗霄山区等区域的连片特困地区和已明确实施特殊政策的西藏、四省藏区、新疆南疆三地州是扶贫攻坚主战场。

三是连片特困地区以外的重点县和贫困村。原定重点县支持政策不变。

什么是集中连片特困区？国务院划定的集中连片特困地区有哪些？

集中连片特殊困难地区简称“集中连片特困地区”，指的是新时期我国绝对贫困人口的主要分布区，是新阶段扶贫开发工作的主战场。连片特困地区的贫困成因非常复杂，基础设施建设滞后，公共服务不足，经济形态尚比较初级，其独特的资源禀赋未能有效地市场化。

《中国农村扶贫开发纲要（2011—2020年）》第十条明确指出：国家将六盘山区、秦巴山区、武陵山区、乌蒙山区、滇桂黔石漠化区、滇西边境山区、大兴安岭南麓山区、燕山—太行山区、吕梁山区、大别山区、罗霄山区等区域的连片特困地区和已明确实施特殊政策的西藏、四省藏区、新疆南疆三地州，作为扶贫攻坚主战场。集中连片特困区是我国贫困程度最严重的地区、生态脆弱的山区、省际交界的边缘区、民族聚居区，城镇化发展滞后，经济、政治、文化、社会和生态建设任务都十分艰巨。将集中连片特困区作为扶贫攻坚主战场是新阶段扶贫开发工作的重大战略举措。中央财政专项扶贫资金新增部分主要用于集中连片特困地区。

592个国家扶贫开发工作重点县和14个集中连片特困区是如何认定的?

认定592个国家扶贫开发工作重点县和14个集中连片特困区有关原则：

1. 关于国家扶贫开发工作重点县。

确定扶贫开发重点县，是我国扶贫开发区域瞄准的重要手段之一。1986年，国家第一次确定贫困县，此后进行过三次调整。

1986年，陆续确定了331个国家重点扶持贫困县。按1985年农民人均纯收入计算，农区县低于150元，牧区县低于200元，革命老区县低于300元，即列入国家扶持范围。

1994年，颁布实施《国家八七扶贫攻坚计划（1994—2000

年）》，对贫困县进行了第一次调整。按照1992年农民人均纯收入超过700元的县一律退出、低于400元的县全部纳入的方法，在全国范围内确定了592个国家重点扶持贫困县。

2001年，颁布实施《中国农村扶贫开发纲要（2001—2010年）》，对国家重点扶持的贫困县进行第二次调整，贫困县改称国家扶贫开发工作重点县，将东部33个重点县指标全部调到中西部，东部不再确定国家级重点县。同时，西藏自治区作为特殊扶持区域，整体享受重点县待遇，不占重点县指标。全国共有592个重点县，作为扶贫开发的重点区域。

2011年，颁布实施《中国农村扶贫开发纲要（2011—2020年）》（以下简称新《纲要》），对国家重点扶持的县进行第三次调整。新《纲要》规定，“原定重点县支持政策不变。各省（区、市）要制定办法，采取措施，根据实际情况进行调整，实现重点县数量逐步减少。重点县减少的省份，国家的支持力度不减。”与以往重点县的调整方法不同，这次调整的最大特点是权力下放到省。即允许各省根据实际情况，按“高出低进，出一进一，严格程序，总量不变”的原则进行调整，但不得将集中连片特困地区内重点县指标调到片区外使用。这次调整，原重点县共调出38个，原非重点县调进38个，全国重点县总数仍为592个。14个集中连片特困地区内的重点县数量，由调整前的431个增至440个，共增加9个；集中连片特困地区以外的重点县数量，由调整前的161个减至152个，共减少9个。重点县中存在的所谓“百强县”，已被全部调出。

2. 关于集中连片特困地区县。

将集中连片特困区作为扶贫开发的主战场，是党中央、国务院作出的重大战略举措。2011年，按照集中连片、突出重点、全国统筹、区划完整的原则，以2007—2009年3年的人均县域国内生产总值、人均县域财政一般预算性收入、县域农民人均纯收入等与贫困程度高度相关的指标为标准，这 3 项指标均低于同期西部平均水平的县（市、区），以及自然地理相连、气候环境相似、传统产业相同、文化习俗相通、致贫因素相近的县划分为连片特困地区。在划分过程中，对少数民族县、革命老区县和边境县采用了增加权重的办法予以倾斜照顾，在全国共划分出 11 个集中连片特困地区，加上已经实施特殊扶持政策的西藏、四省藏区、新疆南疆三地州，作为扶贫攻坚的主战场。

进入以上 14 个集中连片特困区的县共有 680 个，其中国家扶贫开发工作重点县有 440 个，民族自治地方县 371 个，革命老区县 252 个，陆地边境县 57 个。

最新 592 个国家扶贫开发工作重点县包括哪些？

2012 年，国务院扶贫开发领导小组办公室发布的《国家扶贫开发工作重点县名单》包含全国 592 个贫困县，其中，包含中部省份 217 个县，西部省份 375 个县，民族自治八省区 232 个县。

国家扶贫开发工作重点县名单如下：

河北 （39 个县）：行唐县、灵寿县、赞皇县、平山县、青龙县、大名县、魏县、临城县、巨鹿县、新河县、广宗县、平乡县、威县、阜平县、唐县、涞源县、顺平县、张北县、康保县、沽源县、尚义县、蔚县、阳原县、怀安县、万全县、赤城县、崇礼县、平泉县、滦平县、隆化县、丰宁县、围场县、海兴县、盐山县、南皮县、武邑县、武强县、饶阳县、阜城县、（涿鹿县赵家蓬区）

山西（35 个县）：娄烦县、阳高县、天镇县、广灵县、灵丘县、浑源县、平顺县、壶关县、武乡县、右玉县、左权县、和顺县、平陆县、五台县、代县、繁峙县、宁武县、静乐县、神池县、五寨县、岢岚县、河曲县、保德县、偏关县、吉县、大宁县、隰县、永和县、汾西县、兴县、临县、石楼县、岚县、方山县、中阳县

内蒙古（31 个县）：武川县、阿鲁科尔沁旗、巴林左旗、巴林右旗、林西县、翁牛特旗、喀喇沁旗、宁城县、敖汉旗、科尔沁左翼中旗、科尔沁左翼后旗、库伦旗、奈曼旗、莫力达瓦达斡尔族自治旗、鄂伦春自治旗、卓资县、化德县、商都县、兴和县、察哈尔右翼前旗、察哈尔右翼中旗、察哈尔右翼后旗、四子王旗、阿尔山市、科尔沁右翼前旗、科尔沁右翼中旗、扎赉特旗、突泉县、苏尼特右旗、太仆寺旗、正镶白旗

吉林（8 个县）：靖宇县、镇赉县、通榆县、大安市、龙井市、和龙市、汪清县、安图县

黑龙江（14 个县）：延寿县、泰来县、甘南县、拜泉县、绥滨县、饶河县、林甸县、桦南县、桦川县、汤原县、抚远县、同江市、兰西县、海伦市

安徽（19 个县）：潜山县、太湖县、宿松县、岳西县、颍东区、临泉县、阜南县、颍上县、砀山县、萧县、灵璧县、泗县、裕安区、寿县、霍邱县、舒城县、金寨县、利辛县、石台县

江西（21 个县）：莲花县、修水县、赣县、上犹县、安远县、宁都县、于都县、兴国县、会昌县、寻乌县、吉安县、遂川县、万安县、永新县、井冈山市、乐安县、广昌县、上饶县、横峰县、余干县、鄱阳县

河南（31 个县）：兰考县、栾川县、嵩县、汝阳县、宜阳县、洛宁县、鲁山县、滑县、封丘县、范县、台前县、卢氏县、南召县、淅川县、社旗县、桐柏县、民权县、睢县、宁陵县、虞城县、光山县、新县、商城县、固始县、淮滨县、沈丘县、

淮阳县、上蔡县、平舆县、确山县、新蔡县

湖北（25 个县）：阳新县、郧县、郧西县、竹山县、竹溪县、房县、丹江口市、秭归县、长阳县、孝昌县、大悟县、红安县、罗田县、英山县、蕲春县、麻城市、恩施市、利川市、建始县、巴东县、宣恩县、咸丰县、来凤县、鹤峰县、神农架林区

湖南（20 个县）：邵阳县、隆回县、城步县、平江县、桑植县、安化县、汝城县、桂东县、新田县、江华县、沅陵县、通道县、新化县、泸溪县、凤凰县、花垣县、保靖县、古丈县、永顺县、龙山县

广西（28 个县）：隆安县、马山县、上林县、融水县、三江县、龙胜县、田东县、德保县、靖西县、那坡县、凌云县、乐业县、田林县、西林县、隆林县、昭平县、富川县、凤山县、东兰县、罗城县、环江县、巴马县、都安县、大化县、忻城县、金秀县、龙州县、天等县

海南（5 个县）：五指山市、临高县、白沙县、保亭县、琼中县

重庆（14 个县）：万州区、黔江区、城口县、丰都县、武隆县、开县、云阳县、奉节县、巫山县、巫溪县、石柱县、秀山县、酉阳县、彭水县

四川（36 个县）：叙永县、古蔺县、朝天区、旺苍县、苍溪县、马边县、嘉陵区、南部县、仪陇县、阆中市、屏山县、广安区、宣汉县、万源市、通江县、南江县、平昌县、小金县、黑水县、壤塘县、甘孜县、德格县、石渠县、色达县、理塘县、木里县、盐源县、普格县、布拖县、金阳县、昭觉县、喜德县、越西县、甘洛县、美姑县、雷波县

贵州（50 个县）：六枝特区、水城县、盘县、正安县、道真

县、务川县、习水县、普定县、镇宁县、关岭县、紫云县、江口县、石阡县、思南县、印江县、德江县、沿河县、松桃县、兴仁县、普安县、晴隆县、贞丰县、望谟县、册亨县、安龙县、大方县、织金县、纳雍县、威宁县、赫章县、黄平县、施秉县、三穗县、岑巩县、天柱县、锦屏县、剑河县、台江县、黎平县、榕江县、从江县、雷山县、麻江县、丹寨县、荔波县、独山县、平塘县、罗甸县、长顺县、三都县

云南（73个县）：东川区、禄劝县、寻甸县、富源县、会泽县、施甸县、龙陵县、昌宁县、昭阳区、鲁甸县、巧家县、盐津县、大关县、永善县、绥江县、镇雄县、彝良县、威信县、永胜县、宁蒗县、宁洱县、墨江县、景东县、镇沅县、江城县、孟连县、澜沧县、西盟县、临翔区、凤庆县、云县、永德县、镇康县、双江县、沧源县、双柏县、南华县、姚安县、大姚县、永仁县、武定县、屏边县、泸西县、元阳县、红河县、金平县、绿春县、文山市、砚山县、西畴县、麻栗坡县、马关县、丘北县、广南县、富宁县、勐腊县、漾濞县、弥渡县、南涧县、巍山县、永平县、云龙县、洱源县、剑川县、鹤庆县、梁河县、泸水县、福贡县、贡山县、兰坪县、香格里拉县、德钦县、维西县

陕西（50个县）：印台区、耀州区、宜君县、陇县、麟游县、太白县、永寿县、长武县、旬邑县、淳化县、合阳县、澄城县、蒲城县、白水县、富平县、延长县、延川县、宜川县、洋县、西乡县、勉县、宁强县、略阳县、镇巴县、留坝县、佛坪县、横山县、定边县、绥德县、米脂县、佳县、吴堡县、清涧县、子洲县、汉滨区、汉阴县、石泉县、宁陕县、紫阳县、岚皋县、镇坪县、旬阳县、白河县、商州区、洛南县、丹凤县、商南县、山阳县、镇安县、柞水县

甘肃（43 个县）：榆中县、会宁县、麦积区、清水县、秦安县、甘谷县、武山县、张家川县、古浪县、天祝县、庄浪县、静宁县、环县、华池县、合水县、宁县、镇原县、安定区、通渭县、陇西县、渭源县、临洮县、漳县、岷县、武都区、文县、宕昌县、康县、西和县、礼县、两当县、临夏县、康乐县、永靖县、广河县、和政县、东乡县、积石山县、合作市、临潭县、卓尼县、舟曲县、夏河县

青海（15 个县）：大通县、湟中县、平安县、民和县、乐都县、化隆县、循化县、泽库县、甘德县、达日县、玛多县、杂多县、治多县、囊谦县、曲麻莱县

宁夏（8 个县）：盐池县、同心县、原州区、西吉县、隆德县、泾源县、彭阳县、海原县

新疆（27 个县）：巴里坤哈萨克自治县、乌什县、柯坪县、阿图什市、阿克陶县、阿合奇县、乌恰县、疏附县、疏勒县、英吉沙县、莎车县、叶城县、岳普湖县、伽师县、塔什库尔干塔吉克自治县、和田县、墨玉县、皮山县、洛浦县、策勒县、于田县、民丰县、察布查尔锡伯自治县、尼勒克县、托里县、青河县、吉木乃县

我国各个省份扶贫标准是多少？

2011 年召开的中央扶贫开发工作会议决定，把农民人均纯收入 2300 元（2010 年不变价）作为新的国家扶贫标准，各地按照“可根据当地实际制定高于国家扶贫标准的地区扶贫标准”的精神，先后明确了地方扶贫标准。

目前，执行国家 2300 元扶贫标准的省份有 17 个，以中西部省份为主；高于 2300 元标准的省份有 14 个，以东部省份为主，例如浙江 4600 元、江苏 4000 元、辽宁 3200 元等。此外，

重庆、广东探索扶贫标准动态调整机制。

在扶贫重点区域，对于国家扶贫开发工作重点县，各地本着“高出低进、出一进一、总量不变、严格程序”的精神进行了调整，共调出 38 个县，调进 38 个县。同时，国家划定了 11 个集中连片特困地区和 3 个已实施特殊政策地区，并公布了 14 个集中连片特困区 680 个县的名单。各地也相应划定了一批省级集中连片特困地区，统筹资源给予重点扶持。

第二编

农村社会救助制度

我国社会救助制度发展现状如何？

我国完整的社会救助体系，被称之为“8+1”。其中，“8”是指最低保障、特困人员供养、灾害人员救助、医疗救助、教育救助、住房救助、就业救助、临时救助这 8 个基本救助和专项救助制度，“1”是指社会力量参与救助。

近年来，我国以最低生活保障为核心的社会救助制度快速发展。数据显示，目前我国城乡居民最低生活保障制度救助的困难群众约占全国总人口的 5.4%。截至 2014 年第三季度，共有城乡低保对象 7140.9 万人，其中城市 1924.5 万人，农村 5216.4 万人。全国平均低保标准，城市每人每月 401 元、农村每人每月 223 元，分别同比增长 10.9% 和 13.9%；人均月补助水平，城市 265 元、农村 121 元，分别同比增长 10.5% 和 13.4%。

虽然现行救助制度为城乡困难群众提供了多层次、多方面的基本生活保障，但还难以解决群众遇到的突发性、急难性、临时性基本生活困难。尤其是，过去的救助制度是依托户籍进行救助的，随着社会的发展，流动人口的增多，非本地户籍居民出现临时生活困难时，难以得到及时救助。2007 年以来，民政部指导地方积极探索建立临时救助制度，在一定程度上弥补了现行救助制度的不足。2014 年，国务院《关于全面建立临时救助制度的通知》，部署从中央层面加强顶层制度设计、制度建设和规范管理，兜住民生底线，进一步发挥社会救助托底线、救急难作用，全面建立临时救助制度，解决困难群众突发性、紧迫性、临时性生活困难，从而填补了现行社会救助的制度空白。

特困人员救助供养制度的总体要求和基本原则是什么？

2016 年 2 月，国务院发布《进一步健全特困人员救助供养制度的意见》，以党的十八大和十八届三中、四中、五中全会精神为指导，按照党中央、国务院决策部署，以解决城乡特困人员突出困难、满足城乡特困人员基本需求为目标，坚持政府主导，发挥社会力量作用，在全国建立起城乡统筹、政策衔接、运行规范、与经济社会发展水平相适应的特困人员救助供养制度，将符合条件的特困人员全部纳入救助供养范围，切实维护他们的基本生活权益。

《意见》提出五项基本原则：

坚持托底供养。强化政府托底保障职责，为城乡特困人员提供基本生活、照料服务、疾病治疗和殡葬服务等方面保障，做到应救尽救、应养尽养。

坚持属地管理。县级以上地方人民政府统筹做好本行政区域内特困人员救助供养工作，分级管理，落实责任，强化管理服务和资金保障，为特困人员提供规范、适度的救助供养服务。

坚持城乡统筹。健全城乡特困人员救助供养工作管理体制，在政策目标、资金筹集、对象范围、供养标准、经办服务等方面实现城乡统筹，确保城乡特困人员都能获得救助供养服务。

坚持适度保障。立足经济社会发展水平，科学合理制定救助供养标准，加强与其他社会保障制度衔接，实现特困人员救助供养制度保基本、全覆盖、可持续。

坚持社会参与。鼓励、引导、支持社会力量通过承接政府购买服务、慈善捐赠以及提供志愿服务等方式，为特困人员提供服务和帮扶，形成全社会关心、支持、参与特困人员救助供养工作的良好氛围。

哪些对象应当纳入特困人员救助供养范围？

特困人员救助供养制度针对的对象范围：

城乡老年人、残疾人以及未满16周岁的未成年人，同时具备以下条件的，应当依法纳入特困人员救助供养范围：无劳动能力、无生活来源、无法定赡养抚养扶养义务人或者其法定义务人无履行义务能力。

具体认定办法由民政部负责制定。

什么是农村特困户生活救助？

农村特困户生活救助制度是指因大病、重残、缺少劳动能力陷于常年生活困难的农村贫困人口进行现金、实物与服务方面进行定期、定量帮助的制度。按照我国现行救助政策，尚不具备建立农村低保条件的地区，继续坚持“政府救助、社会互助、子女赡养、稳定土地政策”的原则，建立农村特困户基本生活救助制度。

农村特困户救助和农村最低生活保障制度有什么区别？

农村特困户救助制度、农村居民最低生活保障制度、农村五保户供养制度均是我国基本社会救助制度的重要组成部分。

农村特困户救助与最低生活保障都是针对农村贫困者的社会救助制度，但二者的目标和运行原理都有一定的差异。特困户救助主要是针对农村中少数家庭和个人因某种特殊困难而陷入无法靠自己摆脱的贫困，而低保制度则是一种更加具有普遍性特点的社会救助制度，只要某个家庭的人均收入低于某一标准，就可以向政府申请低保救助。特困户救助制度主要是帮助陷入极端贫困或有特殊困难的人，而最低生活保障制度则是保证所有的人都达到当地认可的最低生活水平。

农村五保户供养制度的受益者有严格的资格限制，只限于农村中的“三无对象”，这种带有社会福利性质的项目不能作为一种普遍性的社会救助制度，不能普及到其他的社会救助对象，而只能是针对部分特殊对象的供养救助。

2014 年《社会救助暂行办法》的公布，标志着行政法规已经将农村五保户、城市特困户以及不符合五保供养条件的农村经济状况特别困难家庭，统一整合为“特困户”，并将全体“特困户”全部纳入国家供养范围。

特困人员供养包括哪些内容？

《社会救助暂行办法》规定，国家对无劳动能力、无生活来源且无法定赡养、抚养、扶养义务人，或者其法定赡养、抚养、扶养义务人无赡养、抚养、扶养能力的老年人、残疾人以及未满 16 周岁的未成年人，给予特困人员供养。供养内容包括：

1. 提供基本生活条件。
2. 对生活不能自理的给予照料。
3. 提供疾病治疗。
4. 办理丧葬事宜。

特困人员供养标准，由省、自治区、直辖市或者设区的市级人民政府确定、公布。特困人员供养应当与城乡居民基本养老保险、基本医疗保障、最低生活保障、孤儿基本生活保障等制度相衔接。申请特困人员供养，由本人向户籍所在地的乡镇人民政府、街道办事处提出书面申请；本人申请有困难的，可以委托村民委员会、居民委员会代为提出申请。特困人员供养的审批程序按最低生活保障程序办理。特困供养人员可以自行在当地的供养服务机构集中供养或在家分散供养。

《进一步健全特困人员救助供养制度的意见》规定特困人员

救助供养主要包括以下内容：

1. 提供基本生活条件。包括供给粮油、副食品、生活用燃料、服装、被褥等日常生活用品和零用钱。可以通过实物或者现金的方式予以保障。

2. 对生活不能自理的给予照料。包括日常生活、住院期间的必要照料等基本服务。

3. 提供疾病治疗。全额资助参加城乡居民基本医疗保险的个人缴费部分。医疗费用按照基本医疗保险、大病保险和医疗救助等医疗保障制度规定支付后仍有不足的，由救助供养经费予以支持。

4. 办理丧葬事宜。特困人员死亡后的丧葬事宜，集中供养的由供养服务机构办理，分散供养的由乡镇人民政府（街道办事处）委托村（居）民委员会或者其亲属办理。丧葬费用从救助供养经费中支出。

特困人员救助供养标准包括基本生活标准和照料护理标准。

基本生活标准应当满足特困人员基本生活所需。照料护理标准应当根据特困人员生活自理能力和服务需求分类制定，体现差异性。

特困人员救助供养标准由省、自治区、直辖市或者设区的市级人民政府综合考虑地区、城乡差异等因素确定、公布，并根据当地经济社会发展水平和物价变化情况适时调整。民政部、财政部要加强对特困人员救助供养标准制定工作的指导。

特困人员如何申请救助供养？

特困人员申请救助供养，由本人向户籍所在地的乡镇人民政府（街道办事处）提出书面申请，按规定提交相关材料，书面说明劳动能力、生活来源以及赡养、抚养、扶养情况。本人申请有困难的，可以委托村（居）民委员会或者他人代为提出申请。

乡镇人民政府（街道办事处）应当通过入户调查、邻里访问、信函索证、群众评议、信息核查等方式，对申请人的收入状况、财产状况以及其他证明材料等进行调查核实，于20个工作日内提出初审意见，在申请人所在村（社区）公示后，报县级人民政府民政部门审批。申请人及有关单位、组织或者个人应当配合调查，如实提供有关情况。

县级人民政府民政部门应当全面审查乡镇人民政府（街道办事处）上报的调查材料和审核意见，并随机抽查核实，于20个工作日内作出审批决定。对符合条件的申请予以批准，并在申请人所在村（社区）公布；对不符合条件的申请不予批准，并书面向申请人说明理由。

特困人员不再符合救助供养条件的，村（居）民委员会或者供养服务机构应当及时告知乡镇人民政府（街道办事处），由乡镇人民政府（街道办事处）审核并报县级人民政府民政部门核准后，终止救助供养并予以公示。

县级人民政府民政部门、乡镇人民政府（街道办事处）在工作中发现特困人员不再符合救助供养条件的，应当及时办理终止救助供养手续。特困人员中的未成年人，满16周岁后仍在接受义务教育或在普通高中、中等职业学校就读的，可继续享有救助供养待遇。

受灾人员基本生活如何保障？

《社会救助暂行办法》规定，国家建立健全自然灾害救助制度，对基本生活受到自然灾害严重影响的人员，提供生活救助。自然灾害救助实行属地管理，分级负责。设区的市级以上人民政府和自然灾害多发、易发地区的县级人民政府应当根据自然灾害特点、居民人口数量和分布等情况，设立自然灾害救助物资储备库，保障自然灾害发生后救助物资的紧急供应。

自然灾害发生后，县级以上人民政府或者人民政府的自然灾害救助应急综合协调机构应当根据情况紧急疏散、转移、安置受灾人员，及时为受灾人员提供必要的食品、饮用水、衣被、取暖、临时住所、医疗防疫等应急救助。

灾情稳定后，受灾地区县级以上人民政府应当评估、核定并发布自然灾害损失情况。受灾地区人民政府应当在确保安全的前提下，对住房损毁严重的受灾人员进行过渡性安置。自然灾害危险消除后，受灾地区人民政府民政等部门应当及时核实本行政区域内居民住房恢复重建补助对象，并给予资金、物资等救助。自然灾害发生后，受灾地区人民政府应当为因当年冬寒或者次年春荒遇到生活困难的受灾人员提供基本生活救助。

哪些人员可以申请医疗救助？

可以申请相关医疗救助的人员包括：

1. 最低生活保障家庭成员。

2. 特困供养人员。

3. 县级以上人民政府规定的其他特殊困难人员。

医疗救助采取两种方式：一是对救助对象参加城镇居民基本医疗保险或者新型农村合作医疗的个人缴费部分，给予补贴；二是对救助对象经基本医疗保险、大病保险和其他补充医疗保险支付后，个人及其家庭仍难以承担的符合规定的基本医疗自负费用，给予补助。疾病应急救助制度应当与其他医疗保障制度相衔接。

医疗救助标准，由县级以上人民政府按照当地经济社会发展水平和医疗救助资金情况确定、公布。

申请医疗救助的，应当向乡镇人民政府、街道办事处提出，经审核、公示后，由县级人民政府民政部门审批。最低生活保障家庭成员和特困供养人员的医疗救助，由县级人民政府民政部门直接办理。

县级以上人民政府应当建立健全医疗救助与基本医疗保险、大病保险相衔接的医疗费用结算机制，为医疗救助对象提供便捷服务。

国家建立疾病应急救助制度，对需要急救但身份不明或者无力支付急救费用的急重危伤病患者给予救助。符合规定的急救费用由疾病应急救助基金支付。

国家对特困人员给予什么样的教育救助?

《社会救助暂行办法》规定，国家对在义务教育阶段就学的最低生活保障家庭成员、特困供养人员，给予教育救助。

对在高中教育（含中等职业教育）、普通高等教育阶段就学的最低生活保障家庭成员、特困供养人员，以及不能入学接受义务教育的残疾儿童，根据实际情况给予适当教育救助。教育救助根据不同教育阶段需求，采取减免相关费用、发放助学金、给予生活补助、安排勤工助学等方式实施，保障教育救助对象基本学习、生活需求。

教育救助标准，由省、自治区、直辖市人民政府根据经济社会发展水平和教育救助对象的基本学习、生活需求确定、公布。符合标准的对象申请教育救助，按照国家有关规定向就读学校提出，按规定程序审核、确认后，由学校按照国家有关规定实施。

国家如何实行住房救助?

国家对符合规定标准的住房困难的最低生活保障家庭、分散供养的特困人员，给予住房救助。住房救助通过配租公共租赁住房、发放住房租赁补贴、农村危房改造等方式实施。

住房困难标准和救助标准，由县级以上地方人民政府根据本行政区域经济社会发展水平、住房价格水平等因素确定、公布。农村家庭申请住房救助的，按照县级以上人民政府有关规定执行。各级人民政府按照国家规定通过财政投入、用地供应等措施为实施住房救助提供保障。

国家实施就业救助的方式有哪些？

国家对最低生活保障家庭中有劳动能力并处于失业状态的成员，通过贷款贴息、社会保险补贴、岗位补贴、培训补贴、费用减免、公益性岗位安置等办法，给予就业救助。最低生活保障家庭有劳动能力的成员均处于失业状态的，县级以上地方人民政府应当采取有针对性的措施，确保该家庭至少有1人就业。

申请就业救助的，应当向住所地街道、社区公共就业服务机构提出，公共就业服务机构核实后予以登记，并免费提供就业岗位信息、职业介绍、职业指导等就业服务。最低生活保障家庭中有劳动能力但未就业的成员，应当接受人力资源社会保障等有关部门介绍的工作；无正当理由，连续三次拒绝接受介绍的与其健康状况、劳动能力等相适应的工作的，县级人民政府民政部门应当决定减发或者停发其本人的最低生活保障金。

吸纳就业救助对象的用人单位，按照国家有关规定享受社会保险补贴、税收优惠、小额担保贷款等就业扶持政策。

什么是临时救助制度？

国家对因火灾、交通事故等意外事件，家庭成员突发重大疾病等原因，导致基本生活暂时出现严重困难的家庭，或者因生活必需支出突然增加超出家庭承受能力，导致基本生活暂时出现严重困难的最低生活保障家庭，以及遭遇其他特殊困难的家庭，给予临时救助。对生活无着的流浪、乞讨人员提供临时食宿、急病救治、协助返回等救助。公安机关和其他有关行政机关的工作人员在执行公务时发现流浪、乞讨人员的，应当告知其向救助管理机构求助。对其中的残疾人、未成年人、老年人和行动不便的其他人员，应当引导、护送到救助管理机构；对突发急病人员，应当立即通知急救机构进行救治。临时救助的具体事项、标准，由县级以上地方人民政府确定、公布。

临时救助制度是着眼健全托底性民生保障制度，突出强调了临时救助托底线、救急难的制度特点和功能定位，它和现行救助制度一道，共同构成了我国社会救助制度的一个完整体系。

临时救助制度和其他救助制度有着不同的功能特点。在实施过程中，既要保证制度发挥出最好的救助作用，也要保障制度实施的公平性，做到应救必救。为保证公平公正，《关于全面建立临时救助制度的通知》在程序设计上，区分了两种情况。一种是一般程序，即遇到需要临时救助的情况，通常可以参照现行最低生活保障审核审批程序来执行。一般都是个人申请，经乡镇组织村委会进行评议，再经公示和初步审核，最后报县级民政部门审批。另一种是紧急程序，具体来讲，就是先救助，事后再补齐相关手续。

国家如何鼓励社会力量参与社会救助？

国家鼓励单位和个人等社会力量通过捐赠、设立帮扶项目、创办服务机构、提供志愿服务等方式，参与社会救助。社会救助管理部门及相关机构应当建立社会力量参与社会救助的机制和渠道，提供社会救助项目、需求信息，为社会力量参与社会救助创造条件、提供便利。社会力量参与社会救助，按照国家有关规定享受财政补贴、税收优惠、费用减免等政策。

县级以上地方人民政府可以将社会救助中的具体服务事项通过委托、承包、采购等方式，向社会力量购买服务。县级以上地方人民政府应当发挥社会工作服务机构和社会工作者的作用，为社会救助对象提供社会融入、能力提升、心理疏导等专业服务。

社会救助工作由谁监督管理？如何监督管理？

县级以上人民政府及其社会救助管理部门应当加强对社会救助工作的监督检查，完善相关监督管理制度。申请或者已获得社会救助的家庭，应当按照规定如实申报家庭收入状况、财产状况。县级以上人民政府民政部门根据申请或者已获得社会救助家庭的请求、委托，可以通过户籍管理、税务、社会保险、不动产登记、工商登记、住房公积金管理、车船管理等单位和银行、保险、证券等金融机构，代为查询、核对其家庭收入状况、财产状况；有关单位和金融机构应当予以配合。

县级人民政府及其社会救助管理部门应当通过公共查阅室、资料索取点、信息公告栏等便于公众知晓的途径，及时公开社会救助资金、物资的管理和使用等情况，接受社会监督。履行社会救助职责的工作人员行使职权，应当接受社会监督。任何单位、个人有权对履行社会救助职责的工作人员在社会救助工作中的违法行为进行举报、投诉。受理举报、投诉的机关应当及时核实、处理。县级以上人民政府财政部门、审计机关依法对社会救助资金、物资的筹集、分配、管理和使用实施监督。申请或者已获得社会救助的家庭或者人员，对社会救助管理部门作出的具体行政行为不服的，可以依法申请行政复议或者提起行政诉讼。

第三编

农村最低生活保障

什么是农村最低生活保障制度?

农村最低生活保障制度，是指由地方政府为家庭人均纯收入低于当地最低生活保障标准的农村贫困群众，按最低生活保障标准，提供维持其基本生活的物质帮助。该制度是在农村特困群众定期定量生活救济制度的基础上逐步发展和完善的一项规范化的社会救助制度。

自 20 世纪 90 年代开始，我国开始在山西、山东、上海、浙江、河北、湖南、广东等省市探索建立农村最低生活保障制度。1996 年底，民政部印发《关于加快农村社会保障体系建设的意见》，开始在全国进行试点，但直至“十五”时期，我国只有部分地区实行了最低生活保障制度。2006 年 12 月举行的中央农村工作会议首次明确提出，要积极探索建立覆盖城乡居民的社会保障体系，在全国范围建立农村最低生活保障制度。2007 年 7 月，国务院发布《关于在全国建立农村最低生活保障制度的通知》，提出在全国范围内逐渐建立农村最低生活保障制度，将符合条件的农村贫困人口全部纳入保障范畴。由以往只重视城市低保制度改变为同时重视农村低保制度，进而实现覆盖全社会的社会保障体系。

农村最低生活保障制度的建立解决了农民“生有所靠”的问题，是农村社会保障制度的基础和关键。在整个农村社会保障制度中，养老保险、医疗保障，或其他社会福利、优抚安置等，都是有条件的或是以部分特殊社会群体为保障对象。而农村最低生活保障制度是把针对某些特殊对象（如五保户、灾民等）的传统救济制度改变为覆盖所有农村贫困人口的新的救济制度，只要是达不到农村最低生活标准的农村贫困户，均可以获得救助。农村最低生活保障制度能够更为直接、及时、最大限度地解决广大农民的生活困难问题。

建立农村最低生活保障制度的重要意义是什么?

改革开放以来，我国经济持续快速健康发展，党和政府高度重视“三农”工作，不断加大扶贫开发和社会救助工作力度，农村贫困人口数量大幅减少。但是，仍有部分贫困人口尚未解决温饱问题，需要政府给予必要的救助，以保障其基本生活，并帮助其中有劳动能力的人积极劳动脱贫致富。党的十六大以来，部分地区根据中央部署，积极探索建立农村最低生活保障制度，为全面解决农村贫困人口的基本生活问题打下了良好基础。在全国建立农村最低生活保障制度，是践行“三个代表”重要思想、落实科学发展观和构建社会主义和谐社会的必然要求，是解决农村贫困人口温饱问题的重要举措，也是建立覆盖城乡的社会保障体系的重要内容。其重要意义主要体现在以下几点：

1. 做好这一工作，有利于促进农村经济社会发展。我国宪法明确规定，中华人民共和国公民在年老、疾病和丧失劳动能力的情况下，有从国家和社会获得物质帮助的权利。作为中华人民共和国的公民，农民应当享有基本生存保障的权利，而政府理应保障这种权利的实现。农村贫困群众生活困难是农村社会不稳定的重要根源，贫困问题不仅是经济问题，更是社会问题、政治问题。农村贫困问题如果不能及时解决，极有可能引发社会不稳定，从而阻碍农村的社会、经济稳定发展。全面建立农村最低生活保障制度，为贫困农民提供必要的生活保障，增强了农民抵御各种风险的能力，解决了农民的后顾之忧，为缓解社会矛盾、维护农村社会的稳定、促进农村经济发展起到十分积极的作用。

2. 做好这一工作，有利于逐步缩小城乡差距。新中国成立以来，长期的农业支持工业、工农产品“剪刀差”政策使中国出现巨大的城乡差距。党的十六大以来，“城市反哺农村、工业反哺农业”的一系列政策措施推动了农村经济的发展，但是对于农民的支持力度仍然不够，城乡居民收入差距依然很大，如果扣除农民用于生产的费用，再把城镇居民享受的一些福利也考虑进来，那么城乡差距将进一步拉大。农民则始终处于中国社会保障体系的边缘，城乡在待遇模式和待遇水平上均呈现出十分不均等的状态。2012 年，城市居民最低生活保障平均标准 330.1 元 / 人月，农村最低生活保障平均水平 172.3 元 / 人月，城乡居民最低生活保障标准相差近 1 倍。全国最低生活保障制度的建立，虽然还不能实现真正的制度统一，但对于消除城乡二元结构起到了非常积极的作用。

3. 做好这一工作，有利于维护社会公平。改革开放以来，广大农民为我国的工业化、现代化和经济的持续发展作出了巨大的贡献，承担了巨大的发展改革成本和代价，理应分享经济发展和社会发展的成果。但实际上，广大农民很少能从发展改革成果中分享到实际的利益。建立农村最低生活保障制度能够让农民共享社会发展成果，也在一定程度上维护了社会的公平公正。

建立农村最低生活保障制度的目标和总体要求是什么？

建立农村最低生活保障制度的目标是：通过在全国范围建立农村最低生活保障制度，将符合条件的农村贫困人口全部纳入保障范围，稳定、持久、有效地解决全国农村贫困人口的温饱问题。

建立农村最低生活保障制度的总体要求是：建立农村最低生活保障制度，实行地方人民政府负责制，按属地进行管理。各地要从当地农村经济社会发展水平和财力状况的实际出发，合理确定保障标准和对象范围。同时，要做到制度完善、程序明确、操作规范、方法简便，保证公开、公平、公正。要实行动态管理，做到保障对象有进有出，补助水平有升有降。要与扶贫开发、促进就业以及其他农村社会保障政策、生活性补助措施相衔接，坚持政府救济与家庭赡养扶养、社会互助、个人自立相结合，鼓励和支持有劳动能力的贫困人口生产自救，脱贫致富。

如何确定农村最低生活保障制度的标准和对象范围？

农村最低生活保障的标准：由县级以上地方人民政府按照能够维持当地农村居民全年基本生活所必需的吃饭、穿衣、用水、用电等费用确定，并报上一级地方人民政府备案后公布执行。农村最低生活保障标准要随着当地生活必需品价格变化和人民生活水平的提高适时进行调整。

农村最低生活保障的对象：家庭年人均纯收入低于当地最低生活保障标准的农村居民，主要是因病残、年老体弱、丧失劳动能力以及生存条件恶劣等原因造成生活常年困难的农村居民。

如何申请农村最低生活保障？

申请农村最低生活保障，一般由户主本人向户籍所在地的乡（镇）人民政府提出申请；村民委员会受乡（镇）人民政府委托，也可受理申请。受乡（镇）人民政府委托，在村党组织的领导下，村民委员会对申请人开展家庭经济状况调查、组织村民会议或村民代表会议民主评议后提出初步意见，报乡（镇）人民政府；乡（镇）人民政府审核后，报县级人民政府民政部门审批。

乡（镇）人民政府和县级人民政府民政部门核查申请人的家庭收入要注意什么？

乡（镇）人民政府和县级人民政府民政部门要核查申请人的家庭收入，了解其家庭财产、劳动力状况和实际生活水平，并结合村民民主评议，提出审核、审批意见。在核算申请人家庭收入时，申请人家庭按国家规定所获得的优待抚恤金、计划生育奖励与扶助金以及教育、见义勇为等方面的奖励性补助，一般不计入家庭收入，具体核算办法由地方人民政府确定。

农村最低生活保障管理是否要进行公示？公示内容有哪些？

村民委员会、乡（镇）人民政府以及县级人民政府民政部门要及时向社会公布有关信息，接受群众监督。

公示的内容重点为：最低生活保障对象的申请情况，对最低生活保障对象的民主评议意见，审核、审批意见，实际补助水平等情况。对公示没有异议的，要按程序及时落实申请人的最低生活保障待遇；对公示有异议的，要进行调查核实，认真处理。

农村最低生活保障金如何发放？

农村最低生活保障金原则上按照申请人家庭年人均纯收入与保障标准的差额发放，也可以在核查申请人家庭收入的基础上，按照其家庭的困难程度和类别，分档发放。

必须加快推行国库集中支付方式，通过代理金融机构直接、及时地将最低生活保障金支付到最低生活保障对象账户。

农村最低生活保障资金如何筹集和管理？

农村最低生活保障资金的筹集以地方为主，地方各级人民政府要将农村最低生活保障资金列入财政预算，省级人民政府要加大投入。地方各级人民政府民政部门要根据保障对象人数等提出资金需求，经同级财政部门审核后列入预算。中央财政对财政困难地区给予适当补助。

地方各级人民政府及其相关部门要统筹考虑农村各项社会救助制度，合理安排农村最低生活保障资金，提高资金使用效益。同时，鼓励和引导社会力量为农村最低生活保障提供捐赠和资助。农村最低生活保障资金实行专项管理，专账核算，专款专用，严禁挤占挪用。

如何确保农村最低生活保障制度的顺利实施？

国务院《关于在全国建立农村最低生活保障制度的通知》（国发〔2007〕19号）提出，地方各级人民政府要高度重视在全国建立农村最低生活保障制度工作，将其纳入政府工作的重要议事日程，加强领导，明确责任，统筹协调，抓好落实。

1. 精心设计制度方案，周密组织实施。各省、自治区、直辖市人民政府制定和修订的方案，要报民政部、财政部备案。已建立农村最低生活保障制度的，要进一步完善制度，规范操作，努力提高管理水平；尚未建立农村最低生活保障制度的，要抓紧建章立制，在年内把最低生活保障制度建立起来并组织实施。

2. 加大政策宣传力度。利用广播、电视、报刊、互联网等媒体，做好宣传普及工作，使农村最低生活保障政策进村入户、家喻户晓。

3. 加强协调与配合。各级民政部门要发挥职能部门作用，建立健全各项规章制度，推进信息化建设，不断提高规范化、制度化、科学化管理水平；财政部门要落实资金，加强对资金使用和管理的监督；扶贫部门要密切配合、搞好衔接，在最低生活保障制度实施后，仍要坚持开发式扶贫的方针，扶持有劳动能力的贫困人口脱贫致富。

4. 做好新型农村合作医疗和农村医疗救助工作，防止因病致贫或返贫。

5. 加强监督检查。县级以上地方人民政府及其相关部门要定期组织检查或抽查，对违法违纪行为及时纠正处理，对工作成绩突出的予以表彰，并定期向上一级人民政府及其相关部门报告工作进展情况。各省、自治区、直辖市人民政府要于每年年底前，将农村最低生活保障制度实施情况报告国务院。

农村最低生活保障工作涉及面广、政策性强、工作量大，地方各级人民政府在推进农村综合改革，加强农村公共服务能力建设的过程中，要统筹考虑建立农村最低生活保障制度的需要，科学整合县乡管理机构及人力资源，合理安排工作人员和工作经费，切实加强工作力量，提供必要的工作条件，逐步实现低保信息化管理，努力提高管理和服务质量，确保农村最低生活保障制度顺利实施和不断完善。

农村最低生活保障制度和扶贫开发政策如何有效衔接?

农村实行的最低生活保障制度和扶贫开发政策，都是以农村贫困人口为扶持对象的。实现两项制度的有效衔接，有利于充分发挥两项制度的作用，确保农村贫困人口共享改革发展成果，进一步激发其自力更生、艰苦奋斗的精神。

农村低保对象，是指家庭年人均纯收入低于当地最低生活保障标准的农村居民，主要是因病、因残、年老体弱、丧失劳动能力以及生存条件恶劣等原因造成生活常年困难的农村居民。扶贫对象，是指家庭年人均纯收入低于农村扶贫标准、有劳动能力或劳动意愿的农村居民，包括有劳动能力和劳动意愿的农村低保对象。在政策衔接上，要做到以下三个衔接：

1. 程序的衔接。要统一组织，使农村低保和扶贫对象识别工作在时间和程序上同步进行。严格按照申请、收入核查、民主评议、审核审批等程序和民主公示的要求，认定农村低保和扶贫对象。对于申请享受两项制度的，村民委员会要按照规定分别进行调查核实，集中进行民主评议，经乡（镇）人民政府审核后，属于扶贫对象的，报县级人民政府扶贫部门审批，属于农村低保对象的，报县级人民政府民政部门审批。村民委员会、乡（镇）人民政府以及县级人民政府扶贫和民政部门，要及时向社会公布民主评议意见、审核意见和审批结果。对于已经核实的农村低保对象，县级人民政府民政部门在进行复核时，要配合扶贫部门将其中有劳动能力和申请意愿的确认为扶贫对象。

2. 政策的衔接。对农村低保对象，要力争做到应保尽保，按照政策规定发放最低生活保障金；对扶贫对象，要根据不同情况，享受专项扶贫和行业扶贫等方面的扶持政策，采取产业开发、扶贫易地搬迁、"雨露计划"培训、危房改造、扶贫经济实体股份分红、小额信贷、互助资金、教育免费及补助、党员干部和社会各界帮扶等形式，确保扶贫对象受益。对农村低保和扶贫对象中的残疾人，以及被拐卖后获解救的妇女儿童家庭提供重点帮扶。要坚持依据统计部门的监测数据确定扶贫对象，防止盲目扩大规模，确保政策兑现。因地方自定扶贫标准而增加的扶贫对象，由省（区、市）人民政府安排落实扶持资金。

3. 管理的衔接。对农村低保和扶贫对象实行动态管理。县级人民政府扶贫和民政部门，以及乡（镇）人民政府要分别建立农村低保和扶贫对象档案，会同统计、残联等部门和单位，对两项制度涉及的对象同步进行调整。要采取多种形式，定期或不定期地了解农村低保和扶贫对象的生活情况。对收入达到或超过农村低保标准的，要按照规定办理退保手续；对已实现脱贫致富的，经过民主评议和公示无意见后，要停止相关到户扶贫开发政策；对收入下降到农村低保标准以下的，要将其纳入低保范围；对返贫的，要将其吸纳为扶贫对象。各省（区、市）和试点县人民政府要结合本地区的实际，制定两项制度的有效衔接办法。在现有贫困户建档立卡和农村五保、农村低保档案管理系统的基础上，逐步完善农村低保和扶贫开发数据库，做到信息互通，资源共享。

第四编

农村五保户供养

什么是农村五保户供养制度？

农村五保户供养制度，是我国在农村地区对无劳动能力、无生活来源、无法定抚养义务人的老年人、残疾人和未成年人，在衣、食、住、医、葬（教）等方面提供基本保障的制度。这套制度最早形成于我国农业合作化时期。1994年，国务院颁发了《农村五保供养工作条例》，明确农村五保供养是农村集体福利事业，由农村集体经济组织提供五保供养所需的经费和实物。农村税费改革后，各地逐步取消了“村提留、乡统筹”，农村五保的集体供养面临转型。2006年，国务院对《农村五保供养工作条例》进行了修订，标志着我国与社会主义市场经济体制相适应的新型农村五保供养制度进入一个新阶段。这次修订，丰富了五保供养的内容，标志我国农村五保供养工作走上规范化、法制化管理的轨道。

如何确定农村五保的供养对象？

根据国务院《农村五保供养工作条例》，老年、残疾或者未满16周岁的村民，无劳动能力、无生活来源又无法定赡养、抚养、扶养义务人，或者其法定赡养、抚养、扶养义务人无赡养、抚养、扶养能力的，享受农村五保供养待遇。

享受农村五保供养待遇，应当由村民本人向村民委员会提出申请；因年幼或者智力残疾无法表达意愿的，由村民小组或者其他村民代为提出申请。经村民委员会民主评议，对符合《农村五保供养工作条例》规定条件的，在本村范围内公告；无重大异议的，由村民委员会将评议意见和有关材料报送乡、民族乡、镇人民政府审核。乡、民族乡、镇人民政府应当自收到评议意见之日起 20 日内提出审核意见，并将审核意见和有关材料报送县级人民政府民政部门审批。县级人民政府民政部门应当自收到审核意见和有关材料之日起 20 日内作出审批决定。对批准给予农村五保供养待遇的，发给《农村五保供养证书》；对不符合条件不予批准的，应当书面说明理由。乡、民族乡、镇人民政府应当对申请人的家庭状况和经济条件进行调查核实；必要时，县级人民政府民政部门可以进行复核。申请人、有关组织或者个人应当配合、接受调查，如实提供有关情况。

农村五保供养对象不再符合该条例规定条件的，村民委员会或者敬老院等农村五保供养服务机构（以下简称“农村五保供养服务机构”）应当向乡、民族乡、镇人民政府报告，由乡、民族乡、镇人民政府审核并报县级人民政府民政部门核准后，核销其《农村五保供养证书》。农村五保供养对象死亡，丧葬事宜办理完毕后，村民委员会或者农村五保供养服务机构应当向乡、民族乡、镇人民政府报告，由乡、民族乡、镇人民政府报县级人民政府民政部门核准后，核销其《农村五保供养证书》。

农村五保供养内容有哪些？

农村五保供养包括下列内容：

1. 供给粮油、副食品和生活用燃料。

2. 供给服装、被褥等生活用品和零用钱。

3. 提供符合基本居住条件的住房。

4. 提供疾病治疗，对生活不能自理的给予照料。

5. 妥善办理丧葬事宜。

农村五保供养对象未满 16 周岁或者已满 16 周岁仍在接受义务教育的，应当保障他们依法接受义务教育所需的费用。农村五保供养对象的疾病治疗，应当与当地农村合作医疗和农村医疗救助制度相衔接。

农村五保供养标准如何制定？

《农村五保供养工作条例》规定，农村五保供养标准不得低于当地村民的平均生活水平，并根据当地村民平均生活水平的提高适时调整。农村五保供养标准，可以由省、自治区、直辖市人民政府制定，在本行政区域内公布执行；也可以由设区的市级或者县级人民政府制定，报所在的省、自治区、直辖市人民政府备案后公布执行。

农村五保供养形式有哪些？

农村五保供养对象可以在当地的农村五保供养服务机构集中供养，也可以在家分散供养。农村五保供养对象可以自行选择供养形式。集中供养的农村五保供养对象，由农村五保供养服务机构提供供养服务；分散供养的农村五保供养对象，可以由村民委员会提供照料，也可以由农村五保供养服务机构提供有关供养服务。村民委员会可以委托村民对分散供养的农村五保供养对象提供照料。

各级人民政府应当把农村五保供养服务机构建设纳入经济社会发展规划，县级人民政府和乡、民族乡、镇人民政府应当为农村五保供养服务机构提供必要的设备、管理资金，并配备必要的工作人员。乡、民族乡、镇人民政府应当与村民委员会或者农村五保供养服务机构签订供养服务协议，保证农村五保供养对象享受符合要求的供养。

农村五保供养资金由谁供给？

农村五保供养资金，在地方人民政府财政预算中安排。有农村集体经营等收入的地方，可以从农村集体经营等收入中安排资金，用于补助和改善农村五保供养对象的生活。农村五保供养对象将承包土地交由他人代耕的，其收益归该农村五保供养对象所有。具体办法由省、自治区、直辖市人民政府规定。中央财政对财政困难地区的农村五保供养，在资金上给予适当补助。农村五保供养资金，应当专门用于农村五保供养对象的生活，任何组织或者个人不得贪污、挪用、截留或者私分。

农村五保供养服务由谁来监督管理？

县级以上人民政府应当依法加强对农村五保供养工作的监督管理。县级以上地方各级人民政府民政部门和乡、民族乡、镇人民政府应当制定农村五保供养工作的管理制度，并负责督促实施。

财政部门应当按时足额拨付农村五保供养资金，确保资金到位，并加强对资金使用情况的监督管理。

审计机关应当依法加强对农村五保供养资金使用情况的审计。

农村五保供养待遇的申请条件、程序、民主评议情况以及农村五保供养的标准和资金使用情况等，应当向社会公告，接受社会监督。

农村五保供养服务机构应当遵守治安、消防、卫生、财务会计等方面的法律、法规和国家有关规定，向农村五保供养对象提供符合要求的供养服务，并接受地方人民政府及其有关部门的监督管理。

违反农村五保供养规定的有关行政机关及其工作人员需要承担什么法律责任？

有关行政机关及其工作人员有下列行为之一的，对直接负责的主管人员以及其他直接责任人员依法给予行政处分；构成犯罪的，依法追究刑事责任。

1. 对符合农村五保供养条件的村民不予批准享受农村五保供养待遇的，或者对不符合农村五保供养条件的村民，批准其享受农村五保供养待遇的。

2. 贪污、挪用、截留、私分农村五保供养款物的。

3. 有其他滥用职权、玩忽职守、徇私舞弊行为的。

村民委员会组成人员贪污、挪用、截留农村五保供养款物的，依法予以罢免；构成犯罪的，依法追究刑事责任。农村五保供养服务机构工作人员私分、挪用、截留农村五保供养款物的，予以辞退；构成犯罪的，依法追究刑事责任。村民委员会或者农村五保供养服务机构对农村五保供养对象提供的供养服务不符合要求的，由乡、民族乡、镇人民政府责令限期改正；逾期不改正的，乡、民族乡、镇人民政府有权终止供养服务协议；造成损失的，依法承担赔偿责任。

农村五保供养服务机构建设应当具备什么条件？

农村五保供养服务机构，是指县级人民政府民政部门或者乡、民族乡、镇人民政府举办的，为农村五保供养对象提供供养服务的公益性机构。

县级以上人民政府民政部门应当根据本级人民政府经济社会发展规划，会同有关部门编制农村五保供养服务机构建设专项规划，并组织实施。

农村人口规模较大、农村五保供养对象较多的乡、民族乡、镇，应当建设能够满足当地农村五保供养对象集中供养需要的农村五保供养服务机构。

县级人民政府民政部门根据实际需要，可以建设能够满足若干乡、民族乡、镇农村五保供养对象集中供养需要的农村五保供养服务机构。农村五保供养服务机构建设应当符合国家有关的建筑设计规范和标准，坚持改建、扩建、新建相结合，充分利用闲置的设施。农村五保供养服务机构的建设规模原则上不少于 40 张床位；应当为每名农村五保供养对象提供使用面积不少于 6 平方米的居住用房；农村五保供养服务机构应当建有厨房、餐厅、活动室、浴室、卫生间、办公室等辅助用房；应当配置基本生活设施，配备必要的膳食制作、医疗保健、文体娱乐、供暖降温、办公管理等设备。有条件的农村五保供养服务机构应当具备开展农副业生产所必需的场地和设施。

农村五保供养服务机构应该提供哪些服务？

农村五保供养服务机构应当向供养对象提供下列服务：

1. 提供符合食品卫生要求、适合供养对象需要的膳食。
2. 提供服装、被褥等生活用品和零用钱。
3. 提供符合居住条件的住房。
4. 提供日常诊疗服务，对生活不能自理的给予护理照料。
5. 妥善办理丧葬事宜。

集中供养的农村五保供养对象未满 16 周岁或者已满 16 周岁仍在接受义务教育的，农村五保供养服务机构应当依法保证其接受并完成义务教育，保障所需费用。有条件的农村五保供养服务机构应当为集中供养的重度残疾供养对象适配基本型辅助器具。农村五保供养服务机构的实际供养水平不得低于当地公布的农村五保集中供养标准。农村五保供养服务机构提供的供养服务，应当符合有关法律法规和规章的规定，符合国家的标准规范，尊重少数民族习惯。农村五保供养服务机构应当协同驻地乡镇卫生院或者其他医疗机构为供养对象提供日常诊疗服务。经卫生行政部门许可，有条件的农村五保供养服务机构可以设立医务室，为供养对象提供日常诊疗服务；应当协助有关部门保障供养对象享受农村合作医疗和农村医疗救助待遇。应当提供亲情化服务，组织文化娱乐、体育健身等活动，丰富供养对象的精神生活。

农村五保供养服务机构可以向分散供养的五保供养对象提供服务，具体服务方式由县级人民政府民政部门规定。

农村五保供养服务机构经费如何保障?

农村五保供养服务机构的建设资金和管理资金应当按照当地财政预算管理程序申报，经审核后从财政预算中安排。管理资金是指维持农村五保供养服务机构正常运转所必需支出的各项费用，主要包括工作人员工资、办公经费、设备设施购置维护经费和水电燃料费等。

农村五保供养对象的集中供养资金应当按照当地人民政府公布的集中供养标准，纳入县乡财政专项保障，并按时拨付到农村五保供养服务机构。

农村五保供养服务机构应当将集中供养资金全部用于为供养对象提供的供养服务，不得挪作他用。

县级以上人民政府民政部门应当每年从本级福利彩票公益金中安排一定数量，用于支持农村五保供养服务机构建设和维护。鼓励机关、企业、事业单位、社会组织、个人向农村五保供养服务机构提供捐赠，帮助改善农村五保供养对象的生活条件。

第五编

专项扶贫

专项扶贫的具体内容有哪些？

我国政府把收入在扶贫标准以下的人口作为扶贫对象，把贫困人口集中的中西部革命老区、少数民族地区、边疆地区和特困地区作为扶贫开发的重点区域，在这些地区确定了592个国家扶贫开发工作重点县，给予重点扶持。中央和地方各级政府编制专项规划，安排专项资金，集中资源改善这些地区基础设施，发展特色优势产业，完善社会服务体系，增强人口素质。东部以及中西部其他地区的贫困县、乡、村，主要由地方政府负责扶持。

专项扶贫包括：易地扶贫搬迁、整村推进、以工代赈、产业扶贫、就业促进、扶贫试点、扶持革命老区建设。具体内容为：

1. 易地扶贫搬迁。坚持自愿原则，对生存条件恶劣地区扶贫对象实行易地扶贫搬迁。引导其他移民搬迁项目优先在符合条件的贫困地区实施，加强与易地扶贫搬迁项目的衔接，共同促进改善贫困群众的生产生活环境。充分考虑资源条件，因地制宜，有序搬迁，改善生存与发展条件，着力培育和发展后续产业。有条件的地方引导向中小城镇、工业园区移民，创造就业机会，提高就业能力。加强统筹协调，切实解决搬迁群众在生产生活等方面的困难和问题，确保搬得出、稳得住、能发展、可致富。

2. 整村推进。结合社会主义新农村建设，自下而上制定整村推进规划，分期分批实施。发展特色支柱产业，改善生产生活条件，增加集体经济收入，提高自我发展能力。以县为平台，统筹各类涉农资金和社会帮扶资源，集中投入，实施水、电、路、气、房和环境改善“六到农家”工程，建设公益设施较为完善的农村社区。加强整村推进后续管理，健全新型社区管理和服务体制，巩固提高扶贫开发成果。贫困村相对集中的地方，可实行整乡推进、连片开发。

3. 以工代赈。大力实施以工代赈，有效改善贫困地区耕地（草场）质量，稳步增加有效灌溉面积。加强乡村（组）道路和人畜饮水工程建设，开展水土保持、小流域治理和片区综合开发，增强抵御自然灾害能力，夯实发展基础。

4. 产业扶贫。充分发挥贫困地区生态环境和自然资源优势，推广先进实用技术，培植壮大特色支柱产业，大力推进旅游扶贫。促进产业结构调整，通过扶贫龙头企业、农民专业合作社和互助资金组织，带动和帮助贫困农户发展生产。引导和支持企业到贫困地区投资兴业，带动贫困农户增收。

5. 就业促进。完善“雨露计划”。以促进扶贫对象稳定就业为核心，对农村贫困家庭未继续升学的应届初、高中毕业生参加劳动预备制培训，给予一定的生活费补贴。对农村贫困家庭新成长劳动力接受中等职业教育给予生活费、交通费等特殊补贴。对农村贫困劳动力开展实用技术培训。加大对农村贫困残疾人就业的扶持力度。

6. 扶贫试点。创新扶贫开发机制，针对特殊情况和问题，积极开展边境地区扶贫、地方病防治与扶贫开发结合、灾后恢复重建以及其他特困区域和群体扶贫试点，扩大互助资金、连片开发、彩票公益金扶贫、科技扶贫等试点。

7. 扶持革命老区建设。国家对贫困地区的革命老区县给予重点扶持。

什么是开发式扶贫？

开发式扶贫是中国特色扶贫开发道路的基本经验。开发式扶贫，即引导贫困地区和贫困群众在国家和社会各界的必要支持下，以市场为导向，利用贫困地区的自然资源，进行开发性生产建设，逐步形成贫困地区和贫困户的自我积累和发展能力，主要依靠自身力量解决温饱、脱贫致富。扶贫工作从按贫困人口平均分配资金向按项目效益分配资金方面转变，从单纯依靠行政系统向主要依靠经济组织转变，从资金单向输入向资金、技术、物资、培训相结合输入和配套服务转变。

开发式扶贫是相对传统救济式扶贫而言的。通过动员、鼓励、引导贫困地区的干部群众大干、苦干、巧干，把自己的努力同国家的扶持有机地结合起来，通过开发自然资源和人文资源，发展商品生产、改善生产条件，增强自我积累、自我发展的能力。其实质在于通过帮助搞经济开发，达到脱贫目的。

开发式扶贫有“三个联系、两个结合、一个开发、一个目的”的显著特点。“三个联系”是：扶贫与经济发展紧密联系、与改善生产条件紧密联系、与市场经济体制下的商品性生产紧密联系。“两个结合”是：帮扶者与被扶贫的贫困地区的农民相结合，一方主动帮扶与另一方主动接受帮扶的相结合。“一个开发”是：帮扶者通过认真调查研究，帮助被帮扶者扬其所长、避其所短、物尽其用、人尽其才，在劣势中找优势，在资源中找经济优势，使资源优势变成商品优势。“一个目的”是：通过“三个联系、两个结合、一个开发”，使贫困地区自我积累和自我发展的能力增强，从根本上消除造成贫困的根源，实现稳定脱贫，走上致富大道。

党的十六大以来，开发式扶贫的主要途径有：整村扶贫开发、劳动力培训、产业化扶贫、以工代赈、易地扶贫搬迁、金融扶贫、特殊地区扶贫试点。

什么是整村推进扶贫开发？

整村推进，就是以扶贫开发工作重点村为对象，以增加贫困群众收入为核心，以完善基础设施建设、发展社会公益事业、改善群众生产生活条件为重点，以促进经济社会文化全面发展为目标，整合资源、科学规划、集中投入、规范运作、分批实施、逐村验收的扶贫开发工作方式。整村推进是实现《中国农村扶贫开发纲要（2001—2010年）》所提出的我国扶贫开发目标而采取的一项关键措施。2001年，国家在全国确定了14.8万个贫困村。整村推进工作的总体目标是：在2010年之前，全面完成这14.8万个贫困村扶贫规划的实施，稳定解决贫困人口温饱，促进贫困村经济社会全面发展，夯实贫困村协调发展的基础，建立和完善贫困村可持续发展的长效机制，增强贫困村自我发展的能力，为全面建设小康社会创造条件。

为实现整村推进的总体目标，各地政府指导各个贫困村结合当地实际，认真制定或调整完善包括基本农田、人畜饮水、道路、贫困农户收入、社会事业改善和村级领导班子等方面内容的村级扶贫规划，并经村民大会或村民代表大会通过。村级规划的实施着力夯实两个基础：一是改善基本生产生活条件，提高抵御自然灾害的能力，夯实贫困村经济发展基础；二是进行结构调整，开发优势产业，夯实贫困农民增收基础。截至2010年底，已有12.6万个贫困村实施了整村推进，占全国贫困村总数的85%；共投入中央和地方财政扶贫资金789亿元，村均投入财政扶贫资金约63万元。其中，重点县中的革命老区、人口较少的民族聚居区和边缘一线地区贫困村的整村推进基本完成。从2011年开始，启动了新一轮的整村推进。

新一轮整村推进扶贫开发如何布局？

2012 年 9 月，经国务院批准，国务院扶贫办与国家发改委、教育部、财政部、国土资源部、住房城乡建设部、交通运输部、水利部、农业部、卫生部、国家广电总局、国家林业局联合发布了《扶贫开发整村推进“十二五”规划》（以下简称《规划》）。中西部地区共有 3 万个贫困村和 200 个贫困乡镇纳入了整村推进《规划》。

这 3 万个贫困村主要位于六盘山区等 11 个集中连片特困地区和已明确实施特殊政策的四省藏区、新疆南疆三地州，分布在中西部共 21 个省（区、市）的 959 个县（区、市、旗），土地总面积 6036.4 万公顷，总人口 5497.9 万人，其中扶贫对象 2191.8 万人（按 2009 年各省、区、市的扶贫标准），扶贫对象占总人口的 39.9%。

此外，由于西藏自治区以整乡推进的方式实施扶贫开发，《规划》单列出了西藏整乡推进的有关内容。西藏自治区共有 200 个贫困乡镇（辖 1642 个村居委会）列入《规划》实施范围，分布在西藏自治区 7 个地（市）、73 个县（市）中的边境地区、人口较少民族聚居区、地方病高发区、高寒退化牧区、高山峡谷区、灾害多发区。

《规划》要求，以促进贫困村（乡）经济、社会、生态全面发展为目标，确保实施整村推进贫困村（乡）的水、电、路、气、房和社区环境等基本生产生活条件有明显改善，农民人均纯收入增长幅度高于当地平均水平，扶贫对象自我发展能力明显增强，发展差距扩大趋势得到扭转。

在扶贫项目选择上，将根据贫困村（乡）的经济社会发展现状，依据财政扶贫资金、行业部门整合资金、群众自筹资金等投资来源，在项目实施村（乡）群众参与的基础上确定。主要包括特色优势产业培育、基础设施建设、生态建设和环境保护、公共服务和社会事业建设等项目。

“雨露计划”扶贫的对象和内容是什么？

“雨露计划”是国务院扶贫办在贫困地区实施的帮扶计划。目的是进一步提高贫困人口素质，增加贫困人口收入，加快扶贫开发和贫困地区社会主义新农村建设、构建和谐社会的步伐。“雨露计划”以政府主导、社会参与为特色，以提高素质、增强就业和创业能力为宗旨，以中职（中技）学历职业教育、劳动力转移培训、创业培训、农业实用技术培训、政策业务培训为手段，以促成转移就业、自主创业为途径，帮助贫困地区青壮年农民解决在就业、创业中遇到的实际困难，最终达到发展生产、增加收入，最终促进贫困地区经济发展。

“雨露计划”的对象主要有三类：一是扶贫工作建档立卡的青壮年农民（16—45 岁）；二是贫困户中的复员退伍士兵（含技术军士）；三是扶贫开发工作重点村的村干部和能帮助带动贫困户脱贫的致富骨干。

青壮年贫困劳动力转移培训，主要采取各级扶贫部门整合社会培训资源，公开认定培训基地，由各培训基地组织培训、就业和维权服务的办法实施；复员士兵就业培训、村干部和致富骨干培训、农业实用技术培训等工作，将分别由有关部门和单位协商后，分类下达实施方案，按照统一规划、分工负责的办法组织实施。

如何实施农业产业化扶贫？

农业产业化扶贫是新时期三大扶贫措施之一。农业产业化扶贫的主要目的是对具有资源优势和市场需求的农产品生产，按照产业化的发展方向，连片规划建设，形成有特色的区域性主导产业。结合整村推进、连片开发和科技扶贫、扶持贫困农户，建设产业化基地，扶持设施农业，发展农村合作经济，推动贫困地区产业开发规模化、集约化和专业化。

农业产业化扶贫的瞄准对象主要是农业龙头企业，国家通过信贷扶持、财政扶持、税收优惠和土地使用优惠等政策，对农业龙头企业进行扶持。同时，农业产业化扶贫项目也可以开展良种良法提供和指导、签订订单农业等形式扶贫。

贫困地区农业产业化发展的关键是发展具有市场开拓能力的大中型农产品加工企业，通过这些企业为贫困农户提供产前、产中、产后的全程服务，从而帮助贫困农户提高生产农产品的质量和效率，增加收入。十年来，农业产业化扶贫为贫困地区重点培育了马铃薯、经济林果、草地畜牧业、棉花等主导产业。其中，马铃薯产业已经成为贫困地区保障粮食安全、抗旱避灾、脱贫致富的特色优势产业。农业产业化扶贫有效带动贫困农户实现了脱贫致富。

什么是以工代赈政策？

我国从 20 世纪 80 年代开始实施以工代赈。2005 年 1 月，国家发改委发布的《国家以工代赈管理办法》规定，“以工代赈，是指政府投资建设基础设施工程，受赈济者参加工程建设获得劳务报酬，以此取代直接救济的一种扶持政策。现阶段，以工代赈是一项农村扶贫政策。国家安排以工代赈投入建设农村小型基础设施工程，贫困农民参加以工代赈工程建设，获得劳务报酬，直接增加收入。”

实施以工代赈政策可以同时达到三个目标：

1. 通过组织赈济对象参加工程建设，使赈济对象得到必要的收入和最基本的生活保障，达到赈济的目的。

2. 在政策实施地区形成一批公共工程和基础设施，对当地经济社会的发展长期发挥作用。

3. 可以激发群众自力更生、艰苦奋斗的精神，摆脱“等、靠、要”等消极意识，有利于社会稳定。

以工代赈投入有哪些形式？

以工代赈投入分为实物投入和资金投入。实物投入以实物折资形式核算。国家以工代赈投入纳入中央财政预算，地方各级以工代赈配套投入纳入本级地方财政预算。以工代赈投入可以通过市场机制引导社会投入，共同支持贫困地区发展。

以工代赈投入用于国家确定的扶持地区，并向贫困人口多、脱贫难度大、基础设施薄弱的革命老区、少数民族地区、边疆地区和特困地区倾斜。其他有关地区的以工代赈投入，按照国家有关要求安排。

以工代赈投入重点建设与贫困地区经济发展和农民脱贫致富相关的农村小型基础设施工程。建设内容是县乡村公路、农田水利、人畜饮水、基本农田、草场建设、小流域治理，以及根据国家要求安排的其他工程。

为什么要实施易地扶贫搬迁？

易地扶贫搬迁是开发式扶贫的重要内容，是在贫困地区组织实施的一项重要专项扶贫工程。在坚持群众自愿的前提下，通过对生存环境恶劣地区的农村贫困人口实施易地搬迁，根本改善其生存和发展环境。

为帮助生存环境恶劣地区的农村贫困人口脱贫致富，“十一五”期间，国家累计安排易地扶贫搬迁中央预算内投资 76

亿元，连同地方投资总投资106亿元，共搬迁162.7万人。通过引导、带动其他相关支农投资和出台配套政策，加强了住房、农田水利、乡村道路、人畜饮水、农村能源、教育卫生等设施建设，大幅提高了搬迁群众的生产条件和生活质量。同时，统筹解决了劳动力外出务工和特色产业发展问题，有效拓宽了增收渠道和致富空间，缓解了迁出区的人口压力，有效恢复和保护了生态环境。易地扶贫搬迁工程帮助搬迁群众摆脱了贫困，走上了发展致富之路。

目前，还有近1000万人居住在深山、石山、高寒、荒漠化等生存环境恶劣、不具备基本发展条件的地区，生存发展问题尚未根本解决。群众脱贫愿望强烈，易地扶贫搬迁任务重，但贫困地区水土等安置资源短缺，土地调剂困难，后续产业发展不足，配套政策协调与整合难度大。“十二五”期间的目标是，力争对生存条件恶劣地区的240万农村贫困人口实施易地扶贫搬迁，年均48万人。确保搬迁人口稳定后的生产生活不低于迁入地居民的平均水平，尽快融入当地社会，实现共同发展、共同致富。

易地扶贫搬迁的组织方式有哪些？

易地扶贫搬迁主要是围绕改善搬迁群众生产生活条件和发展环境，支持建设住房和必要的附属设施，以及人畜饮水、村内道路、农村能源等生活设施；开发建设基本农田、改造中低产田以及农田水利、农村公路、草牧场和棚圈等基本生产设施；配套建设教育、卫生、文化、社会保障等社会公共服务设施；培育发展地方特色优势产业，加强劳动力培训，扩大就业渠道。

1. 搬迁对象。易地扶贫搬迁的对象是生存在环境恶劣、不具备基本生产和发展条件、“一方水土养不活一方人”的深山区、石山区、荒漠区、地方病多发区等地区的农村贫困人口。因采矿沉陷、开发占地、工程建设等原因需搬迁的人口，不作为易地扶贫搬迁对象。

2. 搬迁方式。根据迁出地的村落分布情况，采取以自然村落为单元的整体迁出方式。对于零散分布的自然村落和零散住户，一次性全部迁出；对于规模较大且必须全部迁出的自然村落，根据安置地情况统一规划，分批迁出。优先安排最为贫困的自然村落和深度贫困农户。

3. 安置方式。根据安置地资源条件和环境承载能力，通过依法开发耕地、调整置换土地（林地）等形式配置安置资源，可采取就近、分散插花、规模集中等多种方式安置。对于行政区内缺乏安置资源的，可创造条件实施跨区安置。有条件的地方，也可根据搬迁群众的劳动技能和当地就业吸纳能力，探索依托中小城镇、工业园区搬迁安置。鼓励群众投亲靠友自主搬迁，妥善做好鳏寡孤独、五保人群的搬迁安置。

4. 产业发展。产业发展是保障搬迁群众“搬得出、稳得住、能发展、可致富”的关键。在做好搬迁安置工作的同时，通过财政扶贫资金和其他资金的支持，与产业扶贫相结合，发挥安置区的资源优势，推广先进实用技术，培育发展特色优势产业。通过积极承接产业转移，调整优化产业结构，增强自我发展能力。通过扶贫龙头企业、农民专业合作社和互助资金组织，带动和帮助搬迁群众发展生产、增加收入。

如何开展金融扶贫？

为有效缓解贫困农户发展所需资金短缺问题，国家和各地政府积极探索、完善财政扶贫资金使用管理的新机制、新模式，提高贫困村、贫困户自我发展、持续发展的能力。从 2006 年起，国家在全国14个省（自治区、直辖市）1.36万个贫困村开展了贫困村互助资金试点，开展建立“贫困村村级发展互助资金”（以下简称“互助资金”）的试点工作，即安排一定数量的财政扶贫资金，在部分实施整村推进的贫困村内建立互助资金。同时，村内农户可以以自有资金入股等方式扩大互助资金的规模，村民以借用方式周转使用互助资金发展生产。每个试点村安排财政扶贫资金15万元，按照“民有、民用、民管、民享、周转使用、滚动发展”的方式支持村民发展生产，建立起财政扶贫资金使用的长效机制。

开展扶贫贷款贴息制度改革，引导和撬动金融机构扩大贴息贷款的投放规模。特别是2008年国家对扶贫贷款管理体制进行全面改革，通过引入市场竞争机制、扩大扶贫贷款机构经营权限、下放贴息资金管理权限等，进一步调动了地方和金融机构开展扶贫开发的积极性。

如何完善金融服务机制？

中国人民银行、财政部、民政部、中国银监会、中国保监会、国务院扶贫办、人力资源和社会保障部、共青团中央、全国妇联、中国残联等部委加强合作与交流，在扶贫过程中，充分发挥政策性金融的导向作用，支持贫困地区基础设施建设和主导产业发展。引导和鼓励商业性金融机构创新金融产品和服务，增加贫困地区信贷投放。在防范风险前提下，加快推动农村合作金融发展，增强农村信用社支农服务功能，规范发展村镇银行、小额贷款公司和贫困村资金互助组织。完善扶贫贴息贷款政策，增加财政贴息资金，扩大扶贫贴息贷款规模。进一步推广小额信用贷款，推进农村青年创业小额贷款和妇女小额担保贷款工作。推动金融机构网点向贫困乡镇和社区延伸，改善农村支付环境，加快信用户、信用村、信用乡（镇）建设，发展农业担保机构，扩大农业保险覆盖面。改善对农业产业化龙头企业、家庭农场、农民合作社、农村残疾人扶贫基地等经营组织的金融服务。

如何开展特殊地区扶贫试点？

为了解决制约贫困地区发展的突出问题，国家在一些特殊类型的困难地区开展了符合当地特点的扶贫开发工作。如在广西壮族自治区的东兰县、巴马县、凤山县，集中力量开展了解决基础设施建设的大会战；在四川省阿坝藏族羌族自治州，开展了扶贫开发与综合防治大骨节病相结合的试点；在贵州省晴隆县开展了石漠化地区的扶贫开发与生态环境建设相结合的试点；在新疆维吾尔自治区的阿合奇县开展了边境扶贫的试点；对云南省的布朗族及瑶族山瑶支系开展全面扶贫；在四川汶川、青海玉树地震灾区，把防灾减灾与灾后恢复重建有机结合，全面推进灾后恢复重建。通过这些试点，为因地制宜开展特殊地区扶贫开发工作探索了道路，积累了经验。

第六编
行业扶贫

行业扶贫的具体内容有哪些？

行业扶贫包括：发展特色产业、开展科技扶贫、完善基础设施、发展教育文化事业、改善公共卫生和人口服务管理、完善社会保障制度、重视能源和生态环境建设。具体内容为：

1. 发展特色产业。加强农、林、牧、渔产业指导，发展各类专业合作组织，完善农村社会化服务体系。围绕主导产品、名牌产品、优势产品，大力扶持建设各类批发市场和边贸市场。按照全国主体功能区规划，合理开发当地资源，积极发展新兴产业，承接产业转移，调整产业结构，增强贫困地区发展内生动力。

2. 开展科技扶贫。积极推广良种良法。围绕特色产业发展，加大科技攻关和科技成果转化力度，推动产业升级和结构优化。培育一批科技型扶贫龙头企业。建立完善符合贫困地区实际的新型科技服务体系，加快科技扶贫示范村和示范户建设。继续选派科技扶贫团、科技副县（市）长和科技副乡（镇）长、科技特派员到重点县工作。

3. 完善基础设施。推进贫困地区土地整治，加快中低产田改造，开展土地平整，提高耕地质量。推进大中型灌区续建配套与节水改造和小型农田水利建设，发展高效节水灌溉，扶持修建小微型水利设施，抓好病险水库（闸）除险加固工程和灌溉排水泵站更新改造，加强中小河流治理、山洪地质灾害防治及水土流失综合治理。积极实施农村饮水安全工程。加大牧区游牧民定居工程实施力度。加快贫困地区通乡、通村道路建设，积极发展农村配送物流。继续推进水电新农村电气化、小水电代燃料工程建设和农村电网改造升级，实现城乡用电同网同价。普及信息服务，优先实施重点县村村通有线电视、电话、互联网工程。加快农村邮政网络建设，推进电信网、广电网、互联网三网融合。

4. 发展教育文化事业。推进边远贫困地区适当集中办学，加快寄宿制学校建设，加大对边远贫困地区学前教育的扶持力度，逐步提高农村义务教育家庭经济困难寄宿生生活补助标准。免除中等职业教育学校家庭经济困难学生和涉农专业学生学费，继续落实国家助学金政策。在民族地区全面推广国家通用语言文字。推动农村中小学生营养改善工作。关心特殊教育，加大对各级各类残疾学生扶助力度。继续实施东部地区对口支援中西部地区高等学校计划和招生协作计划。贫困地区劳动力进城务工，输出地和输入地要积极开展就业培训。继续推进广播电视村村通、农村电影放映、文化信息资源共享和农家书屋等重大文化惠民工程建设。加强基层文化队伍建设。

5. 改善公共卫生和人口服务管理。提高新型农村合作医疗和医疗救助保障水平。进一步健全贫困地区基层医疗卫生服务体系，改善医疗与康复服务设施条件。加强妇幼保健机构能力建设。加大重大疾病和地方病防控力度。继续实施万名医师支援农村卫生工程，组织城市医务人员在农村开展诊疗服务、临床教学、技术培训等多种形式的帮扶活动，提高县医院和乡镇卫生院的技术水平和服务能力。加强贫困地区人口和计划生育工作，进一步完善农村计划生育家庭奖励扶助制度、“少生快富”工程和计划生育家庭特别扶助制度，加大对计划生育扶贫对象的扶持力度，加强流动人口计划生育服务管理。

6. 完善社会保障制度。逐步提高农村最低生活保障和五保供养水平，切实保障没有劳动能力和生活常年困难农村人口的基本生活。健全自然灾害应急救助体系，完善受灾群众生活救助政策。加快新型农村社会养老保险制度覆盖进度，支持贫困地区加强社会保障服务体系建设。加快农村养老机构和服务设施建设，支持贫困地区建立健全养老服务体系，解决广大老年人养老问题。加快贫困地区社区建设。做好村庄规划，扩大农村危房改造试点，帮助贫困户解决基本住房安全问题。完善农民工就业、社会保障和户籍制度改革等政策。

7. 重视能源和生态环境建设。加快贫困地区可再生能源开发利用，因地制宜发展小水电、太阳能、风能、生物质能，推广应用沼气、节能灶、固体成型燃料、秸秆气化集中供气站等生态能源建设项目，带动改水、改厨、改厕、改圈和秸秆综合利用。提高城镇生活污水和垃圾无害化处理率，加大农村环境综合整治力度。加强草原保护和建设，加强自然保护区建设和管理，大力支持退牧还草工程。采取禁牧、休牧、轮牧等措施，恢复天然草原植被和生态功能。加大泥石流、山体滑坡、崩塌等地质灾害防治力度，重点抓好灾害易发区内的监测预警、搬迁避让、工程治理等综合防治措施。

什么是城乡医疗救助制度?

城乡医疗救助制度是指通过政府拨款和社会捐助等多渠道筹资建立基金，对患大病的农村五保户和贫困农民家庭、城市居民最低生活保障对象中未参加城镇职工基本医疗保险人员、已参加城镇职工基本医疗保险但个人负担仍然较重的人员以及其他特殊困难群众给予医疗费用补助（农村医疗救助也可以资助救助对象参加当地新型农村合作医疗）的救助制度。

城乡医疗救助制度是多层次医疗保障制度的重要组成部分，其目的是为城乡弱势人群提供最基本的医疗保障，以帮助他们在患病时能及时接受诊治，改善其健康状况，防止其因病致贫或因病返贫，从而增强自我保障和生存能力。

城乡医疗救助制度救助的范围是什么？

在切实将城乡低保家庭成员和五保户纳入医疗救助范围的基础上，逐步将其他经济困难家庭人员纳入医疗救助范围。其他经济困难家庭人员主要包括低收入家庭重病患者以及当地政府规定的其他特殊困难人员。具体救助对象界定标准，由地方民政部门会同财政等有关部门，根据本地经济条件和医疗救助基金筹集情况、困难群众的支付能力以及基本医疗需求等因素制定，并报同级人民政府批准。

城乡医疗救助的救助方式和救助内容是什么？

对城乡低保家庭成员、五保户和其他经济困难家庭人员，要按照有关规定，资助其参加城镇居民基本医疗保险或新型农村合作医疗并对其难以负担的基本医疗自付费用给予补助。

根据救助对象的不同医疗需求，开展医疗救助服务。要坚持以住院救助为主，同时兼顾门诊救助。住院救助主要用于帮助解决因病住院救助对象个人负担的医疗费用；门诊救助主要帮助解决符合条件的救助对象患有常见病、慢性病、需要长期药物维持治疗以及急诊、急救的个人负担的医疗费用。

各地根据当年医疗救助基金总量，科学制定医疗救助补助方案。逐步降低或取消医疗救助的起付线，合理设置封顶线，进一步提高救助对象经相关基本医疗保障制度补偿后需自付的基本医疗费用的救助比例。

农村儿童重大疾病医疗保障水平试点疾病包括哪些？

新型农村合作医疗作为一个主要针对农村成人的医疗保障制度，虽然将农村儿童纳入了其中，但是由于制度设计一刀切，不能适应农村儿童的需求。商业儿童医疗保险在农村不够发达，部分农村儿童无法得到合理的医疗保障。尤其是贫困儿童因为家庭经济困难，基本医疗保障的水平低，难以抵御风险。

为进一步提高农村儿童医疗保障水平，减轻居民重大疾病负担，民政部、卫生部联合出台了《关于开展提高农村儿童重大疾病医疗保障水平试点工作的意见》，要求各省（区、市）结合实际，并结合公立医院改革试点工作，在本辖区内选择2—3个参合人口多、信息化管理能力较强、已经开展省、市级定点医疗机构即时结报工作和医疗救助“一站式”服务的县（市）开展试点工作。

试点工作可先从解决0—14周岁（含14周岁）儿童所患急性白血病和先天性心脏病两类重大疾病入手，优先选择儿童急性淋巴细胞白血病、儿童急性早幼粒细胞白血病、儿童先天性房间隔缺损、儿童先天性室间隔缺损、儿童先天性动脉导管未闭、儿童先天性肺动脉瓣狭窄6个病种进行试点。

各省（区、市）也可根据医疗救助基金支付能力，适当增加试点病种。增加试点病种应考虑医疗救助基金的使用效益，同时兼顾医疗救助基金使用的公平性。

各地应根据试点疾病，由省级卫生行政部门在本辖区内选择具备诊治条件、诊疗技术水平高的省、市级新农合定点医疗机构作为选定病种的救治医院，并与救治医院签署定点医疗服务协议。县级新农合定点医疗机构确具备诊疗条件和能力的，也可选作试点病种的救治医院。

省级卫生行政部门要根据卫生部印发的相关病种临床路径、

临床技术操作规范或诊疗指南，确定试点病种的标准化诊疗方案，并依据诊疗方案和定点医疗服务协议，规范救治医院的医疗服务行为，加强监管，有效控制试点病种的诊疗费用。

各省（区、市）要根据试点病种的标准化诊疗方案，测算并限定相应病种的合理诊疗费用。新农合和医疗救助基金在限定费用的基础上，实行按病种付费，明显提高报销比例。原则上，新农合对试点病种的补偿比例应达到本省（区、市）限定费用的 70% 左右，医疗救助对符合条件的患者再行补偿，补偿比例不低于限定费用的 20%。参合患者在本省（区、市）内相应的定点医疗机构诊疗，享受规定的补偿。

为什么要特别关注贫困地区女童上学？

在我国一些贫困地区，少数群众观念落后，偏重眼前利益，“重男轻女”的思想严重，不重视女孩的教育。我国所有文盲中，女性文盲的比例占到了三分之二以上；在失学儿童中，女童约占三分之二。而今天的女童，就是未来的母亲。母亲的素质，影响未来全民族的素质。所以，要提高妇女素质，必须从女童教育抓起。扶持女童入学，是提高民族素质、造福子孙后代的一项基础工程，也是中国实现巩固普及九年义务教育、扫除青壮年文盲的关键一步。

目前，我国运作比较成熟的帮助因生活贫困而辍学或濒临辍学的女童重返校园接受学校教育的爱心工程称为“春蕾计划”，是 1989 年中国儿童少年基金会发起并组织实施的。该计划是通过捐助者向被捐助者给予经济支持的行为来实现的，它的实施唤起了人们的良心、良知和良好的愿望，是人们社会责任心的体现，是中华民族传统美德和优秀人文精神的延伸。它直接面对社会最基层的人群，为贫困女童敞开了通向成长之路的大门。

该计划致力于女童教育事业的发展，承担着关注儿童、发展教育、扶贫济困、促进性别平等等诸多公益责任，产生了良好的社会影响。“春蕾计划”对项目实施地区、尤其是项目比较集中的贫困地区的女童教育事业具有明显的促进作用，在相当程度上改变了这些地区“重男轻女”的落后观念，提高了各级政府和社会各界对女童教育的重视程度。目前，“春蕾计划”已经成为我国民间公益机构促进女童教育发展的最成功、最有影响力的范例。

怎样解决农村家庭困难学生的就学问题？

为解决农村家庭贫困学生的就学问题，国家实施了多项措施，包括农村中小学贫困学生“两免一补”、国家助学奖学金、助学贷款等。

农村义务教育方面。2006 年，国家开始实施“两免一补”政策，即对西部地区农村义务教育阶段学生全部免除学杂费，对其中的贫困家庭学生免费提供课本和补助寄宿生生活费。2007 年，国家把“两免一补”范围扩大到全国，所有农村义务教育阶段学生全部免除学杂费，对家庭经济困难学生免费提供教科书并补助寄宿生生活费，有条件的地方还可扩大免、补实施范围。2008 年，国家对全部农村义务教育阶段学生免费提供教科书，并提高农村义务教育阶段家庭经济困难寄宿生生活费补助标准，扩大覆盖面。

中等职业教育方面。“十一五”期间，国家建立了中等职业教育国家助学金制度，资助所有农村学生和城市家庭经济困难学生接受职业教育，国家资助 2 年，第三年实行学生工学结合、预岗实习。鼓励地方政府、企业和社会团体设立多种形式的中等职业学校学生奖学金、助学金。同时，不断完善以国家助学金为主，多种形式的奖学金、学生工学结合、预岗实习、学校减免学费等为辅的政策资助体系。自 2009 年起，对中等职业学校农村家庭经济困难学生和涉农专业学生实行免费。2012 年中央 1 号文件指出，要加快中等职业教育免费进程，落实职业技能培训补贴政策，鼓励涉农行业兴办职业教育，努力使每一个农村后备劳动力都掌握一门技能。

高等教育方面。自 2012 年起，加大国家励志奖学金和助学金对高等学校涉农专业学生倾斜力度，并加大高等学校对农村特别是贫困地区的定向招生力度。

农村义务教育薄弱学校改造补助资金使用范围是什么？

农村义务教育薄弱学校，是指教学、生活设施条件等不能满足基本需求的农村义务教育阶段学校（含县城义务教育阶段学校）。农村义务教育薄弱学校改造补助资金，简称为“薄改补助资金”。支持范围以中西部省份（含新疆生产建设兵团）贫困地区薄弱学校为主，适当兼顾部分东部省份的贫困地区薄弱学校。

贫困地区是指集中连片特困地区县、国家扶贫开发工作重点县、贫困的民族县和边境县，以及其他贫困县。其他贫困县由省级教育和财政部门在对义务教育阶段学校全面摸底排查基础上，根据基本办学条件的差距，认为确实应当纳入薄改补助资金支持范围的县（市）。不包括省会城市所辖区，原则上不包括市（州、盟）所辖区。

薄改补助资金支持的农村义务教育薄弱学校必须是已列入当地学校布局规划、拟长期保留的农村义务教育阶段公办学校。非义务教育阶段公办学校、小学附设的学前班或者幼儿园、完全中学和“十二年一贯制”学校的高中部、民办学校、地市及以上城市义务教育阶段学校以及因打造“重点校”而形成的超大规模学校，不纳入支持范围。

薄改补助资金用于校舍及设施建设类和设备及图书购置类两类项目。

1. 校舍及设施建设类项目主要包括：

（1）新建、改建和修缮必要的教室、实验室、图书室，以及农村小学必要的运动场等教学设施。

（2）新建、改建和修缮农村小学必要的学生宿舍、食堂（伙房）、开水房、厕所、澡堂等生活设施，以及必要的校园安全等附属设施。

（3）现有县镇"大班额"义务教育学校（小学班额超过 56 人、初中班额超过 66 人的义务教育学校）必要的扩容改造。

（4）在宽带网络接入学校的条件下建设校园内信息化网络基础设施。

2. 设备及图书购置类项目主要包括：

（1）购置必要的教学实验仪器设备、音体美器材等教学仪器设备。

（2）为宿舍、食堂（伙房）、水房等公共生活设施配置必要的家具、设备，以及必要的校园安保设备等。

（3）购置适合中小学生阅读的图书。

（4）购置计算机、投影仪等必要的多媒体教学设备和信息化网络设备等。

农村义务教育薄弱学校改造补助资金不得用于哪些方面？

以下方面不得列入薄改补助资金使用范围：

1. 独立建筑的办公楼、礼堂、体育馆、塑胶跑道、游泳馆（池）、教师周转宿舍等。

2. 一次性投入低于 5 万元的校舍维修和零星设备购置项目。

3. 教育行政部门机关及直属非教学机构的建设和设备购置等。

4. 其他超越基本办学条件范畴的事项。

薄改补助资金严禁用于偿还债务；严禁用于平衡预算、发放人员津贴以及冲抵地方应承担的校舍维修改造长效机制、公用经费等支出。

农村义务教育薄弱学校改造补助资金如何申报？

省级财政和教育部门应当在每年 3 月 15 日前，向财政部和教育部提出当年薄改补助资金申报材料。

省级财政和教育部门报送的申报材料包括：

1. 上年度薄改补助资金安排使用情况工作总结。主要内容包括上年度全面改善薄弱学校基本办学条件工作落实情况及绩效目标完成情况、薄改补助资金安排使用情况、地方财政投入情况、主要管理措施、问题分析及对策。

2. 当年工作计划。主要包括当年工作目标和绩效目标、重点任务和资金安排计划，绩效目标要明确、具体、可考核。

3. 上年度省级财政安排改善薄弱学校办学条件方面的专项资金统计表及相应预算文件。

4. 年度工作任务完成情况表。即对照教育部办公厅、国家发改委办公厅、财政部办公厅《关于制定全面改善贫困地区义务教育薄弱学校基本办学条件实施方案的通知》附件所列各项年度绩效目标和工作任务，分别列示完成情况。

薄改补助资金申报材料是开展绩效评价和资金分配的依据之一。逾期不提交申报材料的，在分配当年资金时，“绩效”和“管理”两个因素作零分处理。

什么是农村义务教育阶段学生营养改善计划？

近年来，我国部分农村地区学生吃饭难问题引起社会高度关注。一项“2010年学生体质与健康调研结果”显示，贫困地区学生营养不良的现象十分突出。为了提高农村学生，尤其是贫困地区和家庭经济困难学生健康水平，国家从2011年秋季学期起启动实施农村义务教育学生营养改善计划。主要包括四项内容：

1. 在集中连片特殊困难地区开展试点，中央财政按照每生每天3元的标准为试点地区农村义务教育阶段学生提供营养膳食补助。试点范围包括680个县（市）、约2600万在校生。初步测算，国家试点每年需资金160多亿元，由中央财政负担。

2. 鼓励各地以贫困地区、民族和边疆地区、革命老区等为重点，因地制宜开展营养改善试点。中央财政给予奖补。

3. 统筹农村中小学校舍改造，将学生食堂列为重点建设内容，切实改善学生就餐条件。

4. 将家庭经济困难寄宿学生生活费补助标准每生每天提高1元，达到小学生每天4元、初中生每天5元。中央财政按一定比例奖励性补助。

根据农村义务教育学生营养改善计划，中央财政每年安排160亿元资金，按每生每天3元的标准，为试点地区的2600万名农村义务教育学校学生提供营养膳食补助。为持续改善集中连片特困地区义务教育阶段学生营养状况和身体素质，针对营养改善计划实施中的困难和问题，2014年中央财政安排资金9.4亿元，将营养改善计划国家试点地区补助标准从3元提高到4元，达到每生每年800元，新标准从2014年11月起执行。同时，继续鼓励各地以贫困地区、民族地区、边疆地区、革命老区等为重点，因地制宜开展营养改善地方试点，中央财政对开展地方试点的省份按照不高于国家试点标准的50%给予奖励性补助。

农村义务教育学生营养改善计划自2011年实施以来，受到了试点地区的欢迎和社会的好评。截至2013年底，中央财政共安排营养改善计划膳食补助资金300.3亿元，安排食堂建设资金300亿元，用于支持集中连片特困地区开展营养改善国家试点和其他地区开展营养改善地方试点，惠及3200万名农村义务教育阶段学生。2014年，中央财政共安排营养改善计划资金171.4亿元，比2013年增长了9.4%。其中，安排集中连片特困地区国家试点补助资金139.4亿元，安排地方试点奖励性补助资金32亿元。

什么是农村义务教育阶段学校教师特设岗位计划？

农村义务教育阶段学校教师特设岗位计划是由教育部、财政部、原人事部、中编办在2006年联合启动实施的“特岗计划”，公开招聘高校毕业生到基本实施九年义务教育和基本扭转青少年文盲的“两基”攻坚县农村义务教育阶段学校任教。主要目的是为了加强农村义务教育教师队伍建设，促进农村义务教育均衡发展，创新教师补充机制，提高教师队伍整体素质，逐步解决教师总量不足和结构不合理等问题。

2015年，中央特岗计划实施范围扩大到中西部老少边穷岛等贫困地区。具体实施范围为：《中国农村扶贫开发纲要(2011—2020年)》确定的11个集中连片特困区和四省藏区县，中西部地区国家扶贫开发工作重点县，西部地区原“两基”攻坚县(含新疆生产建设兵团的部分团场)，纳入国家西部开发计划的部分中部省份的少数民族自治州以及西部地区一些有特殊困难的边境县，少数民族自治县和少小民族县，集中连片特困区以外的省级扶贫开发工作重点县。

什么是国家扶贫定向招生专项计划?

为加大高校对农村特别是贫困地区的定向招生力度，国家自2012年起，组织实施面向贫困地区定向招生专项计划（以下简称“专项计划”），即在普通高校招生计划中专门安排适量招生计划，面向集中连片特困地区生源实行定向招生，引导和鼓励学生毕业后回到贫困地区就业、创业和服务。

“十二五”期间，每年在全国招生计划中专门安排1万名左右专项计划，以本科一批招生计划为主。本科计划由中央部门直属高校和在本科一批招生的地方高校共同承担招生及培养任务，高职计划由国家示范性（含骨干）高等职业学校承担招生及培养任务。通过专项计划的实施，增加贫困地区学生接受高等教育的机会，促进教育公平；引导贫困地区基础教育健康发展，提高教育水平；鼓励学生毕业后回贫困地区就业、创业和服务，为贫困地区发展提供人才和智力支撑。

专项计划实行动态管理，由国家进行总体规划和统一部署，集中组织部分高等教育资源，紧密结合贫困地区经济社会发展对相关专业人才的重点需求，定向招收贫困地区考生。

填报专项计划志愿需要满足什么条件?

各省按照专项计划要求，制定本省实施细则。一般而言，考生必须满足以下条件：

1. 符合当年普通高校招生统一考试报名条件。

2. 户籍在贫困县（区）。

3. 高中三年学籍在贫困县（区）。

报考专项计划的考生均须参加全国统一高考，本科计划在本科提前批次结束后、本科一批开始前进行投档录取，高职计划在本科批次结束后、高职批次开始前进行投档录取，录取分数原则上不低于招生学校所在批次录取控制分数线。

各有关省级招生办按照高校专项计划 120% 的比例投档，高校在提档线上依据考生投档总分和专业志愿顺序录取。批次内生源不足时，省级招生办可综合平衡本省贫困地区生源分布情况，确定补征志愿的考生条件及录取办法。有关高校按补征考生志愿，按分数高低顺序录取。按专项计划录取的新生名册，由各有关省级招生办按规定寄送招生学校并报本省教育行政部门备案。各有关省级招生办、高校和中学要按照高校招生“阳光工程”的要求，加大专项计划的招生计划、录取分数、录取结果等信息的公开、公示力度。

按专项计划录取的学生就业有什么规定？

为了鼓励学生毕业后回到家乡，为贫困地区建设发挥作用，专项计划也作出一些政策设计：如专项生入学报到时不迁转户口，户籍暂保留在原户籍所在地，就业报到后可按有关规定迁入工作所在地区；专项生在校学习期间不转学，不转专业，与其他学生同等享受奖、助学金政策；对毕业后到贫困地区就业、创业和服务的专项生，按照有关规定享受学费补偿和国家助学贷款代偿等优惠政策。

2014 年，教育部对农村贫困地区实施定向招生专项计划政策作出调整，自 2014 年起，按专项计划录取的农村贫困地区优秀学生，可自行决定入学时是否迁转户口，在校学习期间可按照相关规定和程序申请调整专业。

农村危房改造的补助对象有哪些？

农村危房改造和农垦危房改造是国家保障性安居工程的组成部分。农村危房改造的补助对象范围为以下四类人群：

1. 分散供养五保户。是指未进敬老院安置、仍在农村分散居住的五保户。农村危房改造补助资金原则上只安排无房或居住在危房中的农村分散供养五保户。

2. 低保户。是指生活比较贫困，享受国家低保政策，有民政部门颁发的低保证书的农户。

3. 贫困残疾人家庭。是指家庭生活比较贫困，有残联部门颁发的残疾人证书的农户。

4. 其他贫困户。是指经济上比较拮据，收入在当地贫困线以下的困难农户。

农村危房改造补助对象其房屋必须符合什么条件?

凡列为农村危房改造补助对象的，其居住的房屋必须是按照住房城乡建设部《农村危险房屋鉴定技术导则（试行）》鉴定为 C 级或 D 级危房。不是 C 级、D 级危房的，不能列为农村危房改造补助对象。

确定无房户为农村危房改造补助对象的，必须是经济上最困难的农户，即属分散供养的五保户、低保户、贫困残疾人家庭或其他贫困户，且没有自己的住房、长期借住村集体房屋或私房。五保户、低保户、因灾倒房户且属于贫困农户的，必须经县级民政部门认定；贫困残疾人家庭、其他贫困户必须经县扶贫办认定。

各地在确定危房改造补助对象过程中，应优先将自筹资金能力特别弱的贫困农户确定为危房改造补助对象，并在政府帮助下改造建成最基本的安全住房。

农村危房改造补助的申请人必须具备什么条件?

农村危房改造补助以户为单位，由农户提出申请，申请人必须同时具备下列条件：

1. 拥有当地农业户籍并在当地居住，且是房屋产权所有人。

2. 属于农村危房摸底调查统计在册的危房户。

3. 属于农村分散供养五保户、低保户、贫困残疾人家庭、其他贫困户任意一种类型。

有下列情形之一的农户不能确定为补助对象：

1. 在本村另有安全住房的。

2. 住房拥挤，需要分户的。

3. 在外地（县城、集镇）已有永久性居住房屋的。

4. 不属于农村分散供养五保户、低保户、贫困残疾人家庭、其他贫困户任意一种类型的。

农村危房改造补助标准是多少？

农村危房改造补助按东、中、西部地区每户补助 6500 元、7500 元、9000 元的标准；同时按人均 1200 元补助标准，支持建设危房改造供热等配套基础设施。

2014 年，中央农村危房改造补助标准为每户平均 7500 元，在此基础上对贫困地区每户增加 1000 元补助，对陆地边境县边境一线贫困农户、建筑节能示范户每户分别增加 2500 元补助。各省（区、市）依据改造方式、建设标准、成本需求和补助对象自筹资金能力等不同情况，合理确定不同地区、不同类型、不同档次的省级分类补助标准，落实对特困地区、特困农户在补助标准上的倾斜照顾。

2015 年，农村危房改造中央补助标准为每户平均 7500 元，在此基础上对贫困地区每户增加 1000 元补助，对建筑节能示范户每户增加 2500 元补助。各省（区、市）要依据改造方式、建设标准、成本需求和补助对象自筹资金能力等不同情况，合理确定不同地区、不同类型、不同档次的省级分类补助标准。各省要充分考虑地震高烈度设防地区农房抗震改造可能增加的成本，落实对地震高烈度设防地区特困农户在补助标准上的倾斜照顾。

农村危房改造补助对象确定程序是什么？

符合条件的农户自愿申请农村危房改造补助，由村民会议或村民代表会议民主评议，再由乡（镇）审核、县级审批等。

乡镇联系单位的驻村工作队要积极参与民主评议与入户审核等过程，充分发挥监督和指导作用。同时，补助对象的基本信息和各审查环节的结果要及时在村务公开栏公示。县级住房城乡建设部门要组织做好与已经批准的危房改造农户签订合同或协议工作，并征得农户同意公开其有关信息。

改造后的危房要满足什么条件？

农村危房改造要符合基本建设要求，改造后的农房须建筑面积适当、主要部件合格、房屋结构安全和基本功能齐全。

地震高烈度设防地区的农房改造后应达到当地抗震设防标准。原则上，改造后的农房人均建筑面积不低于 13 平方米；房屋建筑面积宜控制在 60 平方米以内，可根据家庭人数适当调整，但 3 人以上农户的人均建筑面积不得超过 18 平方米。

第七编
社会扶贫

什么是社会扶贫？

社会扶贫，是指“动员和组织社会各方面的力量，参与贫困地区的开发建设，是中国特色社会主义扶贫开发道路的重要内容，也是社会主义制度优越性的体现，有利于统筹城乡和区域发展，确保贫困地区和贫困群众共享改革发展成果，是构建社会主义和谐社会、落实科学发展观的必然要求”。

这些年，我国的社会扶贫初步形成了定点扶贫、东西扶贫协作和军队参与扶贫三方面的基本框架。目前，310 个中央和国家机关、企事业单位定点帮扶全国 592 个扶贫开发工作重点县，定点扶贫实现了对重点县的全覆盖。2013 年，地方层面组织的定点扶贫单位约 13.5 万个，帮扶 13.6 万多个贫困村。东部共有 18 个发达省市与西部 10 个省（区、市）建立扶贫协作关系，基本形成了政府援助、企业合作、社会帮扶和人才支持为主要内容的东西扶贫协作工作体系。军队和武警部队共帮扶了 63 个贫困县 547 个贫困乡。

现阶段，我国的贫困形势仍然很严峻，扶贫问题仍然非常严重，不仅要求政府加大扶贫投入力度，更加要求进一步增强社会扶贫在扶贫开发中的作用。

社会扶贫的主体有哪些？

中央和国家机关各部门各单位、人民团体、参照公务员法管理的事业单位和国有大型骨干企业、国有控股金融机构、国家重点科研院校、军队和武警部队，要积极参加定点扶贫，承担相应的定点扶贫任务。

支持各民主党派中央、全国工商联参与定点扶贫工作。

积极鼓励、引导、支持和帮助各类非公有制企业、社会组织承担定点扶贫任务。

地方各级党政机关和有关单位要切实做好定点扶贫工作，发挥党政领导定点帮扶的示范效应。

按照中共中央办公厅、国务院办公厅《关于创新机制扎实推进农村扶贫开发工作的意见》的要求，在具体的工作中，要创新社会参与机制。建立和完善广泛动员社会各方面力量参与扶贫开发制度。充分发挥定点扶贫、东西部扶贫协作在社会扶贫中的引领作用。支持各民主党派中央、全国工商联和无党派人士参与扶贫开发工作，鼓励引导各类企业、社会组织和个人以多种形式参与扶贫开发。建立信息交流共享平台，形成有效协调协作和监管机制。全面落实企业扶贫捐赠税前扣除、各类市场主体到贫困地区投资兴业等相关支持政策。支持军队和武警部队积极参与地方扶贫开发，实现军地优势互补。每 5 年以国务院扶贫开发领导小组名义进行一次社会扶贫表彰。加强扶贫领域国际交流合作。

什么是定点扶贫?

我国定点扶贫工作始于 1986 年，最初是由科技部、农业部、国家林业局、地质矿产部等 10 个部委，分别在全国 10 个集中连片贫困地区选定一个区域作为联系点，开展定点扶贫。

经过近 30 年的发展，我国定点扶贫单位和覆盖范围不断扩大，已成为推进我国扶贫开发进程的重要力量。其中，2012 年 11 月，中央确定新一轮定点扶贫结对关系，中央和国家机关等参与定点扶贫的单位达到 310 个，涵盖了中央直属机关、国家机关等各类单位，帮扶了全国 592 个国家扶贫开发工作重点县，历史上首次实现定点扶贫对重点县的全覆盖。

2013 年，中央各帮扶单位又继续发挥自身优势，进一步加大帮扶力度。据国务院扶贫办统计，中央各帮扶单位共向定点扶贫地区选派挂职干部 451 名，直接投入帮扶资金（含物资折款）20.8 亿元，帮助引进各类资金 53.9 亿元，培训各级干部、技术人员、农村致富带头人、农村劳动力 11.6 万人次，组织劳务输出 7 万人次，资助贫困学生 6.5 万人次。

中央和地方层面，2013 年定点扶贫直接投入的帮扶资金已达到 334.2 亿元，比上年同期增长 57.6%，创历史新高。

定点扶贫单位在扶贫开发中与当地扶贫开发规划相结合、与扶贫对象的需求相结合，各定点扶贫单位在帮扶点做到资源整合，发挥了整体效应。定点扶贫是中国特色扶贫开发道路的一项创举，是整个扶贫开发工作的一支重要力量。

什么是东西扶贫协作？

自 1996 年开始，我国政府作出部署，动员和组织东部 13 个经济较发达省市与西部欠发达的 11 个省（区、市）开展东西扶贫协作工作，形成了政府援助、企业合作、社会帮扶、人才支持为主的基本工作框架。目前，参与东西扶贫协作的东部省市已经由最初的 13 个增加到目前的 18 个。2013 年，共向西部 11 个省区市贫困地区提供援助资金 118058 万元，比 2012 年增长 33.8%，分别用于基础设施建设、产业开发、文化教育、医疗卫生等方面。东西扶贫协作由最初政府间的援助行为拓展为各类市场主体的共同参与，再发展到包括各类社会团体、民间组织、爱国人士在内的社会各界多形式、宽领域的广泛参与，呈现出力度不断加大、领域不断拓宽、机制不断创新、体系不断健全的良好势头。

据统计，在东部9个省、直辖市中，政府财政援助资金最多的是上海，增长幅度最大的是浙江，其次是福建。在9个东部城市中，政府财政援助最多的是杭州，增长幅度最大的是厦门，其次是大连。西部省（区、市）得到援助最多的是贵州、云南和四川。

动员社会力量为帮扶地区捐助款物最多的是福建，其次是宁波。引导企业到对口帮扶地区实际投资最多的是广东，其次是北京。向对口帮扶地区派出挂职干部最多的是北京，其次是山东。向对口帮扶地区派出教师、医生等专业技术人才最多的是上海，其次是天津。接收劳务输出最多的是广东。

有专家表示，东西扶贫协作目前呈现出三个明显的趋势性变化：一是结对帮扶关系多元化。从最初的省市间的结对帮扶，发展到市县层层结对，从东部一省一市一县对西部一省一市一县发展到多省市对一省、一个地市加一个国有企业对一地州、一区县加一市直单位对一县的帮扶形式。二是结对帮扶工作普遍化。从中央层面组织开展的东西扶贫协作发展到各省组织的地市结对帮扶和地市组织的区县结对帮扶。三是企业协作和政府援助逐渐加强，人才交流工作趋于弱化。

军队和武警部队在社会扶贫中发挥什么作用？

军队和武警部队参与扶贫开发是中国特色扶贫开发、扶贫事业里的重要主体。军队和武警部队非常重视扶贫开发这项工作，而且以极大的热情参与各地的扶贫开发。军队和武警部队根据国家和驻地扶贫开发总体规划，发挥优势，主动作为，积极参与实施定点扶贫和整村推进扶贫，支援农田水利、乡村道路、小流域治理等农业农村基础设施建设，开展捐资助学、科技服务和医疗帮扶等活动。各地军队和武警部队在县一级就定点扶贫了近70个县，参与的官兵非常多。军队和武警部队既有组织、技术、人才优势，更有军队特有的资源。有一些特有技术、特有人才，还有军队的高效率的优势，在参与扶贫中对整个定点扶贫起到了榜样的作用，对于整个社会扶贫也起到了很好的辐射带动作用。

社会组织在扶贫开发中发挥什么作用？

各类民营企业、社会组织、人民团体和广大群众在社会扶贫中发挥了主要作用。通过多种方式积极参与扶贫开发，通过定点帮扶、结对帮扶、实施专项扶贫工程、参与扶贫活动等多种形式，支持产业发展，援建基础设施，发展教育卫生，改善生产条件，开展生态环境建设。各类社会组织有效地动员各类有识有志、有技术的志愿者加入到扶贫开发行动中来，民营企业积极通过捐助资金、招聘劳动力、建立产业和培训基地等多种方式参与扶贫开发，社会组织在扶贫开发中发挥越来越重要的作用，且日益显示出巨大的发展潜力。

如何培育多元的社会扶贫主体？

国务院办公厅《关于进一步动员社会各方面力量参与扶贫开发的意见》明确提出，要积极培育多元的社会扶贫主体应该从以下几个方面入手：

1. 大力倡导民营企业扶贫。鼓励民营企业积极承担社会责任，充分激发市场活力，发挥资金、技术、市场、管理等优势，通过资源开发、产业培育、市场开拓、村企共建等多种形式到贫困地区投资兴业、培训技能、吸纳就业、捐资助贫，参与扶贫开发，发挥辐射和带动作用。

2. 积极引导社会组织扶贫。支持社会团体、基金会、民办非企业单位等各类组织积极从事扶贫开发事业。地方各级政府和有关部门要对社会组织开展扶贫活动提供信息服务、业务指导，鼓励其参与社会扶贫资源动员、配置和使用等环节，建设充满活力的社会组织参与扶贫机制。加强国际减贫交流合作。

3. 广泛动员个人扶贫。积极倡导“我为人人，人人为我”的全民公益理念，开展丰富多样的体验走访等社会实践活动，畅通社会各阶层交流交融、互帮互助的渠道。引导广大社会成员和港澳同胞、台湾同胞、华侨及海外人士，通过爱心捐赠、志愿服务、结对帮扶等多种形式参与扶贫。

4. 深化定点扶贫工作。承担定点扶贫任务的单位要发挥各自优势，多渠道筹措帮扶资源，创新帮扶形式，帮助协调解决定点扶贫地区经济社会发展中的突出问题，做到帮扶重心下移，措施到位有效，直接帮扶到县到村。定期选派优秀中青年干部挂职扶贫、驻村帮扶。定点扶贫单位负责同志要高度重视本单位定点扶贫工作，深入开展调研，加强对定点扶贫工作的组织领导。

5. 强化东西部扶贫协作。协作双方要强化协调联系机制，继续坚持开展市县结对、部门对口帮扶。注重发挥市场机制作用，按照优势互补、互利共赢、长期合作、共同发展的原则，通过政府引导、企业协作、社会帮扶、人才交流、职业培训等多种形式深化全方位扶贫协作，推动产业转型升级，促进贫困地区加快发展，带动贫困群众脱贫致富。协作双方建立定期联系机制，加大协作支持力度。加强东西部地区党政干部、专业技术人才双向挂职交流，引导人才向西部艰苦边远地区流动。各省（区、市）要根据实际情况，在本地区组织开展区域性结对帮扶工作。

目前我国有哪些公益扶贫项目?

目前，我国有“光彩事业”“希望工程”“母亲水窖”“幸福工程”“母亲健康快车”“贫困地区儿童营养改善”“春蕾计划”“集善工程”“爱心包裹”“扶贫志愿者行动计划”等扶贫公益项目，主要是针对贫困地区留守妇女、儿童、老人、残疾人等特殊群体的一对一结对、手拉手帮扶的扶贫项目。

光彩事业是我国民营企业家响应《国家八七扶贫攻坚计划》所发起并实施的一项以扶贫开发为主题的事业。1994 年 4 月，民营企业家联名倡议《让我们投身到扶贫的光彩事业中来》，光彩事业由此而发起，包括港澳台侨工商界人士共同参加。光彩事业以扶贫开发为重点，面向老、少、边、穷地区和中西部地区，以项目投资为中心，开发资源、兴办企业、培训人才、发展贸易，并通过包括捐赠在内的多种方式促进贫困地区的经济发展和教育、卫生、文化等社会事业的进步。

希望工程是团中央、中国青少年发展基金会以救助贫困地区失学少年儿童为目的，于 1989 年发起的一项公益事业。其宗旨是建设希望小学，资助贫困地区失学儿童重返校园，改善农村办学条件。希望工程改变了一大批失学儿童的命运，改善了贫困地区的办学条件，唤起了全社会的重教意识，促进了基础教育的发展，弘扬了扶贫济困、助人为乐的优良传统，推动了社会主义精神文明建设。

母亲水窖是中国妇女发展基金会于 2001 年开始实施的慈善项目，是一项集中供水工程，重点帮助西部地区老百姓特别是妇女摆脱因严重缺水带来的贫困和落后。

母亲健康快车是全国妇联、国务院妇儿工委主办，中国妇女发展基金会承办的一项大型公益项目。严格按照“送健康理念、送健康知识、送健康服务”的宗旨，以保障母子平安和妇女儿童健康权益为目的，在降低妇科病发病率、特别在配合政府开展降低孕产妇死亡率、婴幼儿死亡率和消除新生儿破伤风项目中发挥着独特作用，为贫困地区女性平等共享改革成果作出了积极贡献。

集善工程是中国残疾人福利基金会发起的，旨在为残疾人奉献爱心的活动，在助困、助听、助行、助盲、助学等助残领域作出了突出贡献，拥有了“集善嘉年华”“信息无障碍”等一大批具有广泛社会影响力的助残项目。由于受残疾影响、教育程度偏低等原因，大多数残疾人的生活水平仍低于社会平均水平，农村有 20% 以上的残疾人生活在国家贫困线以下。集善工程呼吁和倡导社会各界关注、帮扶残疾人，让他们早日走出困难。

爱心包裹（项目）是中国扶贫基金会发起的一项全民公益活动，通过动员社会力量捐购爱心包裹的形式，关爱贫困地区及灾区小学生。项目以搭建透明、便捷的公益参与平台，推动全民公益为使命。爱心包裹中的善品是根据受益对象需求的不同，精心配备的学习和生活用品。

什么是幸福工程？

幸福工程，全称“幸福工程——救助贫困母亲行动”，1995 年 2 月由中国人口福利基金会、中国计划生育协会和中国人口报社共同发起创立，主要以贫困地区实行计划生育的贫困母亲及家庭为救助对象，帮助她们发展家庭经济，脱贫致富。

幸福工程的救助对象为国家级贫困县和省级贫困县实行了计划生育的贫困母亲，同时在城市逐步推行对特困失业母亲的资助活动。

救助对象的选择标准：

1. 家庭年人均收入低于当地贫困线标准。

2. 必须是实行计划生育的育龄妇女。

3. 本人及家庭有强烈的脱贫愿望和计划。

4. 本人及家庭成员具备劳动脱贫能力。

5. 遵纪守法，尊老爱幼，邻里关系好。

6. 讲诚信，能按时如数归还本金支付管理费。

什么是中国青年志愿者扶贫接力计划？

中国青年志愿者扶贫接力计划是采取公开招募和定期轮换的方式，动员和组织青年以志愿服务的方式到贫困地区开展为期半年至 2 年的教育、农业科技推广、医疗卫生、乡镇企业发展等方面的服务工作。服务期满后，由下一批志愿者接替其工作，从而形成接力机制。它是共青团组织在扶贫开发领域长期实施的一项重点工作，是贯彻落实科教兴国战略和国家“八七”扶贫攻坚计划的具体措施。

志愿者主要从大中城市中招募。应募者应具有大专以上学历，年龄一般在 20—45 岁之间，有奉献精神，身体健康，能够适应农村基础教育、医疗卫生、科技推广和农业技术等方面的工作要求。确系受援地区需要的专门人才，年龄、学历可适当放宽。青年志愿者扶贫接力计划初步形成了包括支教、支医两大支柱项目及支科、支农两项试点项目的实施体系，并形成了省内发达地区支援欠发达地区、跨省区市对口支援两种工作模式。

青年志愿者扶贫接力计划的广泛实施，不仅缓解了中西部贫困地区教师、医生、农技人员等方面人才缺乏的困难，还促进了当地教育、医疗、农业科技水平的提高。青年志愿者在服务的同时，努力传播现代观念和文明健康的生活方式，对转变落后的思想观念也起到了文明使者的作用。

国际上有哪些扶贫组织？

国际上致力于扶贫的组织主要有：世界银行、亚洲开发银行、联合国儿童基金会、联合国开发计划署、乐施会、中国国际扶贫中心等等。

世界银行（World Bank）是世界银行集团的俗称，是由国际复兴开发银行、国际开发协会、国际金融公司、多边投资担保机构和解决投资争端国际中心五个成员机构组成，成立于 1944 年。凡是参加世界银行的国家必须首先是国际货币基金组织的会员国。世界银行总部设在美国首都华盛顿，有员工 10000 多人，分布在全世界 120 多个办事处。狭义的“世界银行”仅指国际复兴开发银行（IBRD）和国际开发协会（IDA）。世界银行一开始的使命是帮助在第二次世界大战中被破坏的国家的重建，目前的主要任务是资助发展中国家克服穷困，各机构在减轻贫困和提高生活水平的使命中发挥独特的作用。2012 年，世界银行为发展中国家或转型国家提供了大约 300 亿美元的贷款或帮助。

亚洲开发银行（Asian Development Bank – ADB，简称“亚行”）是一个致力于促进亚洲及太平洋地区发展中成员经济和社会发展的区域性政府间金融开发机构。自 1999 年以来，亚行特别强调扶贫为其首要战略目标。

联合国儿童基金会（United Nations International Children's Emergency Fund，简称 UNICEF），原名“联合国国际儿童紧急救助基金会”，于 1946 年 12 月 11 日创建，最初目的是满足第二次世界大战之后欧洲与中国儿童的紧急需求。1950 年起，工作扩展到满足全球所有发展中国家儿童和母亲的长期需求。1953 年，UNICEF 成为联合国系统的永久成员，并受联合国大会的委托致力于实现全球各国母婴和儿童的生存、发展、受保护和参与的权利。1965 年，联合国儿童基金会因“促进国家间的手足情谊”的突出成就而获得诺贝尔和平奖。

联合国开发计划署（The United Nations Development Programme，简称 UNDP）是世界上最大的负责进行技术援助的多边机构。它是联合国的一个下属机构，总部位于纽约。联合国开发计划署的工作是为发展中国家提供技术上的建议、培训人才并提供设备，特别是为最不发达国家进行帮助。致力于推动人类的可持续发展，协助各国提高适应能力，帮助人们创造更美好的生活。30 多年来，联合国开发计划署充分利用其全球网络和发展经验，支持中国制定应对发展挑战的解决之道，并为中国开展南南合作和参与全球发展提供协助。目前在中国的重点工作领域为：减少贫困、善治、能源与环境以及危机预防与恢复。

乐施会（OXFAM）是跨越种族、性别、宗教和政治界限，与政府部门、社会各界及贫穷人群合作，一起努力解决贫穷问题，并让贫穷人群得到尊重和关怀的组织。“助人自助，对抗贫穷”是乐施会的宗旨和目标。1942 年，乐施会在英国牛津郡成立，原名 Oxford Committee for Famine Relief。乐施会于 1976 年由一群关注贫困问题的志愿者在香港成立，1988 年在香港注册成为独立的扶贫、发展和救援机构，先后在全球超过 60 个国家推行扶贫及救灾工作，开展综合发展、紧急援助、教育、卫生和水利等项目，帮助贫穷人群改善生活，自力更生。香港乐施会从 1987 年起致力在中国大陆推行扶贫发展及防灾救灾工作，项目内容包括：社区发展、农村综合发展、增收活动、小型基本建设、卫生服务、教育、能力建设及政策倡议等。

中国有哪些扶贫组织？

除国务院扶贫开发领导小组办公室外，中国的扶贫组织还有：中国扶贫基金会、中国红十字会、中国国际扶贫中心、中华慈善总会、中国青年志愿者协会、中国残疾人福利基金会、中国狮子联会、广东狮子会、李嘉诚基金会等等。

中国扶贫基金会（China Foundation for Poverty Alleviation，缩写 CFPA）成立于 1989 年 3 月，由国务院扶贫开发领导小组办公室主管，是对海内外捐赠基金进行管理的非营利性社会组织，是独立的社会团体法人。中国扶贫基金会组织和实施了“扶贫中国行——走进千村万户，共建和谐社会”“中国消除贫困奖评选表彰活动”等大型系列公益活动，以及“母婴平安 120 项目”“小额信贷项目”“新长城 ×× 特困大学生自强项目”“紧急救援项目”“天使工程”及综合项目，动员众多国际、国内组织、机构、企业、社会公众捐赠善款与物资，帮助弱势群体。中国扶贫基金会已经成为我国规模最大、实力最强的专职扶贫公益机构。

中国红十字会是中华人民共和国统一的红十字组织，是从事人道主义工作的社会救助团体，是国际红十字运动的成员。中国红十字会以发扬人道、博爱、奉献精神，保护人的生命和健康，促进人类和平进步事业为宗旨。截至 2011 年底，中国红十字会有 31 个省（自治区、直辖市）级红十字会、334 个地（市）级红十字会、2848 个县级红十字会和新疆生产建设兵团红十字会、铁路系统红十字会、香港特别行政区红十字会、澳门特别行政区红十字会；有 9.8 万个基层组织，215.6 万名志愿者，11 万个团体会员，2658 万名会员，其中 1775 万名青少年会员。按照《中华人民共和国红十字会法》规定，中国红十字会履行下列职责：

1. 开展救灾的准备工作；在自然灾害和突发事件中，对伤病人员和其他受害者进行救助。

2. 普及卫生救护和防病知识，进行初级卫生救护培训，组织群众参加现场救护。参与输血献血工作，推动无偿献血；开展其他人道主义服务活动。

3. 开展红十字青少年活动。

4. 参加国际人道主义救援工作。

5. 宣传国际红十字和红新月运动的基本原则和日内瓦公约及其附加议定书。

6. 依照国际红十字和红新月运动的基本原则，完成人民政府委托事宜。

7. 依照日内瓦公约及其附加议定书的有关规定开展工作。

中国国际扶贫中心是我国政府与联合国开发计划署等国际组织共同发起、资助并组建的，以创新扶贫理论、促进政策转换、增强国际互动、推动南南合作为宗旨的国际机构。它发端于 2004 年 5 月国务院扶贫办、商务部与联合国开发计划署签署的《关于建立中国国际扶贫中心的谅解备忘录》，是上海全球扶贫大会的重要成果之一，致力于全球扶贫领域的应用性政策研究与人力资源合作。基本职能包括：立足中国，面向世界特别是广大发展中国家，组织反贫困领域内的政策研究和经验总结；承担国际组织和中国政府委托的有关国际培训和能力建设项目；开展外资扶贫项目的组织、论证、立项和管理；实施扶贫领域的国际合作与交流。

中华慈善总会成立于 1994 年，是经批准依法注册登记，由热心慈善事业的公民、法人及其他社会组织志愿参加的全国性非营利公益社会团体，目前在全国拥有 273 个会员单位。其宗旨是：发扬人道主义精神。总会任务是募集社会善款，资助、兴办各类慈善事业和社会公益事业，广泛开展国际合作与交流，组织热心慈善的志愿者队伍，开展多种形式的社会慈善活动。开展的项目有“夕阳工程”“五子牛特殊教育”“宝马爱心基金”等。

中国青年志愿者协会成立于1994年12月5日，是由志愿从事社会公益事业与社会保障事业的各界青年组成的全国性社会团体，是团中央指导下的，由省、自治区、直辖市青年志愿者组织和全国性的专业、行业青年志愿者组织和个人自愿结成的全国性的非营利性社会组织，是全国青联团体会员，联合国国际志愿服务协调委员会（CCIVS）联席会员组织。该协会的基本任务包括：

1. 改善社会风气和人际关系，为发展社会主义市场经济创造良好的社会环境。

2. 适应社会主义市场经济发展的需要，推动青年志愿服务体系和多层次社会保障制度的建立和完善。

3. 培养青年的公民意识、奉献精神和服务能力，促进青年健康成长。

4. 为城乡发展、社区建设、扶贫开发、抢险救灾以及大型社会活动等公益事业提供志愿服务。

5. 为具有特殊困难以及需要帮助的社会成员提供服务。

6. 规划、组织青年志愿服务活动，协调、指导全国各地、各类青年志愿者组织开展工作。

7. 开展与海内外志愿者组织和团体的交流。

中国残疾人福利基金会成立于1984年3月15日，是为残疾人服务的全国性社会团体。基金会的主要任务是宣传残疾人事业，沟通政府、社会与残疾人之间的联系，呼吁社会理解、尊重、关心、帮助残疾人，鼓励残疾人自尊、自信、自强、自立；开展和促进残疾人的康复、教育、劳动就业、文化生活、福利、社会服务和残疾预防等工作，全心全意为残疾人服务。

中国狮子联会于2005年6月14日在北京正式成立。中国狮子联会是一个新型的社会组织，是借鉴国际狮子会的管理运作模式，正式注册成立的全国性民间慈善服务团体，对内组织引导会员开展形式多样的慈善服务活动，对外统筹中国与国际狮子会的合作关系。

广东狮子会是经国务院特别批准、在广东省民政厅登记注册、具有独立法人资格的社会公益慈善志愿服务组织。广东狮子会不涉及政治、宗教、种族和国别等问题，是一个由社会中产阶层和专业人士所组成、致力于社会公益慈善服务事业、以俱乐部方式运作的新型 NGO，是中国狮子联会的团体会员单位。其主管单位是广东省残疾人联合会。广东狮子会成立于 2002 年 4 月 2 日，是中国内地最早成立的狮子会之一。

李嘉诚基金会是香港认可的慈善机构，1980 年由香港富商李嘉诚创办。基金会主要捐款予教育、医疗、文化及其他公益事业，其中对于教育的投资占 60%，另有 30% 是医疗扶贫和医疗科研。在李嘉诚看来，这都是“对人的能力提升的项目”，他一直试图将教育、医疗扶贫和医疗科研的关系搭建起来，实现一加一加一大于三。现在，李嘉诚基金会希望做一些与众不同的项目，例如，为了提高资助西部教育资金的使用效率和效果，通过卫星、网络和计算机，实现西部的教师和学生与发达地区同步的远程教育，覆盖 1 万所中小学及 13 所大学；培训 1 万名乡村教师的项目，最直接影响是有望突破乡村教师自己能力不足的瓶颈，形成教育的持续效果。

第八编

扶贫资金

什么是财政专项扶贫资金？

财政专项扶贫资金是国家财政预算安排用于支持各省（自治区、直辖市）农村贫困地区、少数民族地区、边境地区、国有贫困农场、国有贫困林场、新疆生产建设兵团贫困团场（以下简称各地）加快经济社会发展，改善扶贫对象基本生产生活条件，增强其自我发展能力，帮助提高收入水平，促进消除农村贫困现象的专项资金。

中央财政预算安排的财政专项扶贫资金按使用方向分为发展资金、以工代赈资金、少数民族发展资金、“三西”农业建设专项补助资金、国有贫困农场扶贫资金、国有贫困林场扶贫资金、扶贫贷款贴息资金。

财政专项扶贫资金如何分配？

《财政专项扶贫资金管理办法》（以下简称《办法》）于2011年11月7日由财政部、国家发改委、国务院扶贫办联合印发。该《办法》规定，中央财政贯彻《中国农村扶贫开发纲要（2011—2020年）》精神，依据减贫工作需要和财力情况，在年度预算中安排财政专项扶贫资金。

地方各级财政根据各地减贫工作需要和财力情况，每年预算安排一定规模的财政专项扶贫资金，并逐年加大投入规模。省级财政安排的财政专项扶贫资金规模应达到中央补助各省（自治区、直辖市）财政专项扶贫资金规模的一定比例，有关资金投入情况作为绩效评价的重要因素。

中央财政专项扶贫资金主要投向国家确定的集中连片特困

地区和扶贫开发工作重点县、贫困村，其中新增部分主要用于集中连片特困地区。

中央财政专项扶贫资金分配坚持向西部地区（包括比照适用西部大开发政策的贫困地区）、贫困少数民族地区、贫困边境地区和贫困革命老区倾斜。

中央财政专项扶贫资金主要按照因素法进行分配。资金分配的因素主要包括各地扶贫对象规模及比例、农民人均纯收入、地方人均财力、贫困深度等客观因素和政策性因素。客观因素指标取值主要采用国家统计局等有关部门提供的数据。政策性因素主要参考国家扶贫开发政策、中央对地方扶贫工作考核及财政专项扶贫资金使用管理绩效评价情况等。

地方各级财政安排的财政专项扶贫资金应主要采取因素法分配，资金分配的因素及指标取值由各地自行确定。

财政专项扶贫资金确定使用范围应该遵循什么原则?

各地应按照国家扶贫开发政策要求，结合当地扶贫开发工作实际情况，紧密围绕促进减贫的目标，因地制宜确定财政专项扶贫资金使用范围。各地确定的财政专项扶贫资金使用范围必须遵循如下基本方向：

1. 围绕培育和壮大特色优势产业，支持扶贫对象发展种植业、养殖业、民族手工业和乡村旅游业；承接来料加工订单；使用农业优良品种、采用先进实用农业生产技术等。

2. 围绕改善农村贫困地区基本生产生活条件，支持修建小型公益性生产设施、小型农村饮水安全配套设施、贫困村村组道路等，支持扶贫对象实施危房改造、易地扶贫搬迁等。

3. 围绕提高农村扶贫对象就业和生产能力，对其家庭劳动力接受职业教育、参加实用技术培训给予补助。

4. 围绕帮助农村扶贫对象缓解生产性资金短缺困难，支持贫困地区建立村级发展互助资金，对扶贫贷款实行贴息等。

5. 围绕编制、审核扶贫项目规划，实施和管理财政专项扶贫资金和项目而发生的项目管理费。

财政专项扶贫资金及中央财政专项扶贫资金项目管理费如何提取？

中央财政根据补助地方财政专项扶贫资金规模（不含扶贫贷款贴息资金），按照2%的比例提取项目管理费。各地不得再以任何理由、任何方式从中央财政补助地方财政专项扶贫资金中提取任何费用。

中央财政提取的财政专项扶贫资金项目管理费，依据补助地方的财政专项扶贫资金规模（不含扶贫贷款贴息资金）分配地方使用。其中安排到县级的比例不得低于90%。

中央财政专项扶贫资金项目管理费实行分账管理，专门用于扶贫规划编制、项目评估、检查验收、成果宣传、档案管理、项目公告公示、报账管理等方面的经费开支，不得用于机构、人员开支等。

地方财政部门可以根据扶贫开发工作需要，预算安排一定规模的财政专项扶贫资金项目管理费，或者比照中央财政提取财政专项扶贫资金项目管理费的比例，从地方财政本级安排的财政专项扶贫资金中提取项目管理费。安排或提取项目管理费的规模及具体比例、分配和使用管理办法由各地自行确定。

财政专项扶贫资金及中央财政专项扶贫资金项目管理费不得用于哪些支出？

财政专项扶贫资金及中央财政专项扶贫资金项目管理费不

得用于下列各项支出：

1. 行政事业单位基本支出。

2. 各种奖金、津贴和福利补助。

3. 弥补企业亏损。

4. 修建楼、堂、馆、所及贫困农场、林场棚户改造以外的职工住宅。

5. 弥补预算支出缺口和偿还债务。

6. 大中型基本建设项目。

7. 交通工具及通讯设备。

8. 城市基础设施建设和城市扶贫。

9. 企业担保金。

10. 其他与《财政专项扶贫资金管理办法》第八条使用规定不相符的支出。

财政专项扶贫资金由谁监督管理？

财政专项扶贫资金由与财政专项扶贫资金使用管理相关的各部门根据职责分工履行监督管理职责。具体分工：

1. 财政部门负责财政专项扶贫资金的预算安排、拨付、管理和监督检查，会同相关部门拟定补助地方财政专项扶贫资金的分配方案。

2. 财政部商国务院扶贫办拟定补助地方财政专项扶贫资金（发展资金）的分配方案。发改委商财政部、国务院扶贫办拟定以工代赈资金分配方案。

国务院扶贫办商财政部汇总平衡提出统一分配方案，上报国务院扶贫开发领导小组审定。由国务院扶贫开发领导小组通知各省（自治区、直辖市）人民政府，同时抄送各省（自治区、直辖市）财政厅（局）、发改委和扶贫办。发改委下达以工代赈计划，财政部拨付资金。

3. 财政部门要加强财政专项扶贫资金的日常管理和监督检查，扶贫办、发改委、民委、农业、林业、残疾人联合会等部门要加强相关财政扶贫项目的管理，确保项目实施进度，充分发挥财政专项扶贫资金使用效益。

4. 国务院扶贫办、国家发改委、国家民委、农业部、国家林业局、中国残疾人联合会等部门应及时将年度财政专项扶贫资金使用管理情况报送财政部，国家发改委、国家民委、农业部、国家林业局、中国残疾人联合会等部门的报告同时抄送国务院扶贫办。

5. 上划新疆生产建设兵团的财政专项扶贫资金规模由财政部确定，新疆生产建设兵团财务、扶贫部门负责使用管理与监督检查。

财政专项扶贫资金监督管理须履行哪些程序和规定？

各省（自治区、直辖市）扶贫办、民委、农垦、林业、残联等部门分别会同财政部门，根据国家、本省（自治区、直辖市）扶贫开发政策和财政部的有关要求，制定年度财政专项扶贫资金使用计划。由财政部门负责汇总，并根据中央财政专项扶贫资金下达情况按规定时间上报财政部，同时抄送国务院扶贫办。

中央财政上年度提前下达预算的所有财政专项扶贫资金，须于本年度 1 月底前报送资金使用计划；本年度下达预算的有关财政专项扶贫资金，须于中央财政下达预算后 60 个工作日内报送资金使用计划。

新疆生产建设兵团管理使用的财政专项扶贫资金，由兵团财务部门于中央财政下达预算后 60 个工作日内将资金使用计划报送财政部。

财政专项扶贫资金使用计划需要明确资金具体用途、投资补助标准、项目建设内容、资金用款计划等内容，并作为绩效评价等工作的参考依据。

各地应根据扶贫开发工作的实际情况，逐步将项目审批权限下放到县级。财政专项扶贫资金支持的项目实行项目管理制度，做到资金到项目、管理到项目、核算到项目。

财政专项扶贫资金年度使用计划、支持的项目和资金额度要进行公告、公示，接受社会监督。财政专项扶贫资金对扶贫对象给予补助，在所在行政村进行公告、公示。财政专项扶贫资金实行报账制管理，分账核算。负责报账的具体层级由各省（自治区、直辖市）自行确定。

新疆生产建设兵团使用的财政专项扶贫资金按照财政国库管理制度的有关规定执行。

财政专项扶贫资金使用管理实行绩效评价制度。绩效评价结果以适当形式公布，并作为分配财政专项扶贫资金的参考依据。绩效评价制度的具体实施方案由财政部门商相关部门确定。

中央财政在发展资金中每年安排部分资金，根据财政部和国务院扶贫办对发展资金使用管理的绩效评价结果对有关省份给予奖励补助。

各级财政和相关部门要加强对财政专项扶贫资金和项目的监督检查，配合审计、纪检、监察部门做好资金和项目的审计、检查等工作。

乡镇财政部门要充分发挥监管职能作用，加强对扶贫项目的巡视、检查，发现违规问题及时制止并报告上级财政部门。

贫困村村级发展互助资金的试点资金的来源是什么？

贫困村村级发展互助资金可由两部分组成：一是按照平均每

个试点村15万元的额度，专项安排有关试点省（区、市），中央财政扶贫资金150万元，用于补助试点村建立互助资金。具体每个村补助的额度由有关试点省（区、市）根据试点村实际情况确定；二是鼓励贫困村村内农户以自有资金入股或者其他方式，补充扩大互助资金的规模。对贫困农户可采取赠股的办法。

试点村开展试点所需要的有关培训、组织实施费用由各省（区、市）自行解决，中央财政补助的试点资金不能用于这方面的支出。

贫困村村级发展互助资金试点的资金如何管理和使用？

贫困村村级发展互助资金试点的资金管理和使用应把握以下基本原则：

1. 试点村要召开村民大会或村民代表大会，民主选举公道、正派、有责任心的村民组成互助资金管理委员会。管理委员会的职责是组织村民共同制定互助资金管理办法（包括管理规则，以及借款的对象、条件、期限、还款的方式、公告公示等），并按管理办法组织实施；负责借款的审批、发放、回收等具体事务。管理委员会接受上级扶贫和财政部门的指导、监督和检查，并接受全体村民的监督。

2. 试点资金应存入农村信用社，但不得以谋取存款利息收入为最终目的。

3. 试点资金由村民民主管理、共同参与，民主决策、共同监督，采取村内互助、有借有还、周转使用、滚动发展的办法。

4. 试点资金主要用于支持贫困村农户开展生产性项目。

5. 试点资金不得对外村放贷，不得变成地下钱庄的资金，不得用于管理委员会工作经费等支出，更不得私分、平分。

扶贫贷款的种类和机构有哪些?

扶贫贷款是由国内有关金融机构承担的一项政策性贷款业务，它是我国扶贫开发的重要组成部分，发放的形式主要有两种：一种是到户的小额扶贫贷款；另一种是发放给龙头企业以及基础设施建设的扶贫贷款。

为规范扶贫开发性专项贷款的管理，根据《贷款通则》和《中国农业银行贷款管理制度》等有关法规，中国农业银行总行制定了《中国农业银行扶贫贷款管理办法》《中国农业银行康复扶贫贷款管理办法》《中国农业银行边境贫困国营农牧场扶贫贷款管理暂行规定》《中国农业银行农业综合开发贷款管理暂行办法》《中国农业银行林业、治沙贷款管理暂行办法》《中国农业银行专项基本建设贷款管理暂行办法》《中国农业银行专项技术改造贷款管理暂行办法》。

扶贫贷款的财政贴息有什么规定?

扶贫贷款的财政贴息的相关规定：

1. 扶贫贷款的贴息范围。2000 年 1 月 1 日起，中央财政根据国务院确定的年度扶贫贷款计划规模（含当年新增、收回再贷、未到期的上年新增扶贫贷款），在计划额度内进行贴息。1998 年前发放的所有扶贫贷款均不再贴息。

2. 扶贫贷款的贴息比例。2000 年 1 月 1 日起，所有贷款都实行优惠贷款利率 3%，该利率与商业银行同期同档次正常贷款基准利率之间的差额由财政贴息，康复扶贫贷款由中央与省级财政各贴一半，其余扶贫贷款贴息全部由中央财政贴息。

3. 扶贫贷款的贴息年限。根据国务院作出的“从 2000 年开始，把当年新增扶贫贷款、收回再贷的扶贫贷款，以及未到期的上年新增扶贫贷款全部纳入当年扶贫贷款计划；财政部根据年度扶贫贷款计划给予贴息”的决定，中央财政在国务院批准的年度扶贫贷款计划规模内贴息，原则上只贴 1 年。

4. 扶贫贷款贴息的结算。扶贫贷款贴息实行按季据实结算。每季末由农业银行各省级分行（直属分行列入其中）汇总填报《扶贫贷款财政补贴利息结算表》，经省级财政部门会同省级扶贫主管部门审核同意后，上报财政部和农业银行总行，由农总行汇总后（附分省表），于次季第 1 个月底前报财政部，由财政部审核，并与农业银行总行结算。各级农业银行和各省（自治区、直辖市）财政厅（局）、扶贫办必须认真、及时、真实、准确地按照规定做好此项工作。

易地扶贫搬迁的资金来源和使用有什么规定？

易地扶贫搬迁的资金来源和使用的相关规定：

1. 资金来源。“十二五”期间，易地扶贫搬迁工程建设投资由中央、地方政府和搬迁群众共同承担。中央投资属于补助性投资，在中央预算内投资中安排；地方政府结合自身财力安排一定规模的投资；搬迁群众视家庭收入状况，适当承担部分住房和基本生活设施建设费用。

2. 补助标准。中央易地扶贫搬迁投资人均补助标准不超过 6000 元。“十二五”期间力争搬迁 240 万人。省级政府安排易地扶贫搬迁地方投资规模不低于中央易地扶贫搬迁投资规模的 30%。

3. 中央投资使用范围。中央易地扶贫搬迁投资主要用于搬迁群众住房和安置点基本生产生活设施建设，包括住房及必要的附属设施、基本农田、水利设施、农村能源、乡村道路，以及教育、卫生、文化、社会保障等配套公共服务设施；不得用于机械设备、运输工具购置，生产、加工和流通等经营性项目建设，以及土地和房屋的征用补偿费。中央易地扶贫搬迁投资补助住房建设的面积控制在 40—60 平方米 / 户。各地可以立足实际，按照现行制度规定，统筹到省的中央财政专项扶贫资金对搬迁扶贫对象后续产业发展予以支持。

第九编

减轻农民负担

2004年国家公布减免15项涉农收费项目包括哪些？

2004年，财政部会同国家发改委公布了取消、免收和降低标准的15项全国性及中央部门涉农收费项目。

1. 取消的涉农收费有3项。包括：国内植物检疫费中的检疫证书费，畜禽产品防疫检疫费中的兽医卫生条件考核、发证和定期技术检测收费，户籍管理证件工本费中的寄住证工本费。

2. 对农民免收的收费有8项。包括：水土流失防治费，河道工程修建维护管理费，取水许可证费，涉及农村中农民生活用水和农民生产用水的水资源费，建设用地批准书工本费，对从事营业性运输的农用三轮车、农用拖拉机收取的公路运输管理费，对自产自销农副产品的农民收取的城乡集贸市场管理费，农村义务教育借读费。

3. 降低标准的涉农收费有4项。包括：畜禽及畜禽产品检疫费，农机监理费，渔业船舶检验费，海事调解费。

当前减轻农民负担工作存在哪些问题？

近年来，随着国家强农富农政策实施力度的逐步加大和农民负担监管工作的不断加强，农民负担总体控制在较低水平，由此引发的矛盾大幅减少，为确保广大农民安居乐业、农村社会安定有序作出了重要贡献。但是，一些地方和部门减负意识有所淡化，部分领域涉农乱收费问题屡禁不止，“一事一议”筹资筹劳实施不够规范，村级组织负担明显增加，一些新的领域农民负担问题凸显，甚至少数地区农民负担出现反弹苗头。具体表现：

1. 减负意识有所淡化。由于农民负担明显减轻，有些地方或部门的领导对农民负担问题产生模糊认识和盲目乐观情绪，认为取消“三提五统”农业税后农民已经是“零负担”，减负工作已大功告成；也有的认为国家增加了对农民的各项补贴，农民增加了收入，日子比以前红火多了，有点负担不算什么。部分地区的领导干部对新形势下出现的变相加重农民负担问题和减负认识的敏感性降低，减负工作力度有所弱化。个别地区监督检查工作有所放松，不开展农民负担检查，或者虽然检查但流于形式，没有起到相应的效果。有些地方，发现涉及加重农民负担问题，但处理不到位，没有解决问题。

2. 涉农乱收费问题依然存在。一是部分地区在农村义务教育、农民用电、农村卫生、农民建房等方面仍存在乱收费现象。相关政策规定，对农村义务教育阶段的学校，除按规定收取作业本费、寄宿生住宿费和向自愿在校就餐学生收取伙食费外，不得向学生收费统一购买教学辅导材料、校服、学具等，也不得收取其他任何服务性收费和代收费；二是农民用电乱收费问题严重。政策规定，城乡用电实行同网同价，禁止任何单位和个人在电费中加收其他费用，禁止供电企业在收取电费时代收其他费用；三是对不符合有关法律规定生育子女的农民，违背关于除依法征收社会抚养费外，严禁收取其他费用的规定；四是违反关于农民利用集体土地新建、翻建自用住房时，除国土资源部门可以收取土地证书工本费和建设部门可以收取房屋所有权登记证书工本费外，严禁收取其他费用。村级组织不得擅自设立项目向农民收费，严禁用押金、违约金、罚款等不合法方式来约束农民、管理村务的规定。

3. 村级组织负担增加较多。政策规定，由政府承担的建设和服务费用、部门工作经费不得转由村级组织承担，严禁地方有关部门或单位委托村级组织向农民收取费用；各级部门实施的建设项目，应由政府投入的，要及时足额到位，不得向农民和村级组织摊派；严格执行村级组织公费订阅报刊“限额制”，禁止任何组织和个人向村级组织摊派发行报刊、图书和音像制品等出版物。一些部门和单位向村级组织转嫁负担增多，以收取统计信息咨询费、培训费、治安费、报刊订阅费等名目变相向村组织摊派收费。

4. “一事一议”存在问题不容忽视。政策规定，“一事一议”筹资筹劳应遵循量力而行原则，超过“一事一议”筹资筹劳限额标准、举债兴办的村内公益事业建设等项目，不得列入财政奖补范围，全面推进村级公益事业建设“一事一议”筹资筹劳财政奖补工作，扩大奖补覆盖面。但是一些地方“一事一议”筹资筹劳财政奖补资金多集中投到省级认定的新农村建设示范村，一些村多年未享受到“一事一议”筹资筹劳财政奖补；一些村“一事一议”后产生了新的村级债务。

新形势下减轻农民负担工作的总体要求有哪些？

国务院办公厅《关于进一步做好减轻农民负担工作的意见》（国办发〔2012〕22号）明确了关于减轻农民负担工作的总体要求，提出要全面贯彻落实科学发展观，以维护农民合法权益为中心，以规范涉农收费为重点，以强化监督检查为手段，将农民负担监管工作融入统筹城乡发展、加强农村社会管理、落实强农惠农富农政策中，将农民负担监管领域向农村基础设施建设、农村公共服务、农业社会化服务等方面延伸，创新监管思路、拓展监管范围、强化工作措施、加强制度建设，严格禁止各种不合理收费和集资摊派，坚决纠正违反政策规定加重农民负担的行为，确保农民负担继续控制在较低水平，促进农村社会和谐稳定。

当前在减轻农民负担方面要重点做好哪些工作？

在减轻农民负担方面，当前重点要做好几方面的工作：

1. 深入治理涉农价格和收费中的突出问题。完善和落实涉农收费文件“审核制”，严禁违规出台收费项目和收费标准。认真落实涉农收费和价格“公示制”，相关事项必须在乡镇政府和收费单位现场公示，及时更新公示内容，确保公示效果。继续开展对农村义务教育、计划生育、农民建房、农机服务、殡葬服务、农民用水用电等领域价格和收费的专项治理，落实对农民的费用减免和价格优惠政策，严禁行政机关和事业单位在履行（代行）行政职能过程中强制收费或代收经营服务性收费，严禁经营公用事业的企业超标准收费、强制服务收费和搭车收费。各地要结合实际，选择问题突出的领域开展专项治理，制定治理方案，明确治理目标，落实部门责任，纠正和查处各种违纪违规行为，切实解决行业性农民负担问题。

2. 清理整顿加重村级组织负担的行为。针对村级组织负担增加较多的新情况，继续开展向村级组织乱收费和摊派的清理整顿，重点治理以建设公益事业、提供服务、达标升级、要求赞助、报刊订阅等名义向村级组织摊派收费问题；严禁将政府承担的建设和服务费用、部门工作经费、人员费用等转由村级组织承担；严禁各种要求村级组织出钱出物出工的达标升级活动。加强向村级组织具体收费事项的日常监管，探索建立有效的收费审核制度；严格执行村级组织公费订阅报刊“限额制”，坚持自愿原则，不得由乡镇以上政府或有关部门代订代扣，禁止任何组织和个人向村级组织摊派发行报刊、图书和音像制品等出版物；严禁地方有关部门或单位委托村级组织向农民收取费用，严禁村级组织用罚款和违规收取押金、违约金等方式来管理村务。

3. 完善和规范“一事一议”筹资筹劳管理。各地要进一步完善“一事一议”筹资筹劳实施办法，严格界定筹资筹劳的适用范围，合理确定筹资筹劳限额标准和以资代劳工价标准，研究制定防止虚假筹资筹劳和以资代劳的有效措施。要加强对“一事一议”筹资筹劳项目的全程监管，强化筹资筹劳方案审核和专项检查，推进“一事一议”筹资筹劳信息化建设。组织开展“一事一议”筹资筹劳项目专项审计，重点审计筹资筹劳、负债建设和资金劳务使用情况。研究制定“一事一议”筹资筹劳规范管理县管理办法，开展对规范管理县的动态监测，建立有进有出的监管机制。总结推广典型经验，切实发挥示范带动作用。深入开展“一事一议”筹资筹劳政策调研，适时修订管理办法，推动健全财政奖补机制。

4. 推进拓展农民负担监管范围。总结推广各地拓展农民负担监管范围的做法，联合相关部门对问题较多的领域制定监管政策、采取监管措施。加强对农村基础设施建设、农村公共服务，以及农业技术推广、动植物疫病防控、农产品质量安全监管等公益性农业服务领域农民负担问题的监管，防止向农民乱收费和集资摊派的行为。加强对强农惠农富农政策落实中加重农民负担问题的监管，严肃查处代扣代缴其他费用、配售商品、以领取补贴为条件要求缴纳其他费用等行为。加强对家庭农场、专业大户、农民合作社等新型农业经营主体的负担监管，防止乱收费在新的领域滋生蔓延。抓紧建立健全涉及农民负担政策文件会签、信息公开和备案制度。推行农村基础设施建设项目农民负担审核制度，不得在“一事一议”筹资筹劳范围之外要求农民出资出劳。

5. 强化减负惠农政策落实监督检查。加强对农民负担新情况新问题的跟踪调查、情况核实和督查督办。改进农民负担“监督卡”制，完善监督卡内容，创新发放形式，将监督卡作为宣传减负惠农政策的重要途径。各地要通过明察暗访，对农民负担问题不定期、有重点地开展专项检查，认真组织开展农民负担年度检查，深入基层查找问题，在适当范围内通报检查结果，并积极向当地党委政府报告减轻农民负担工作情况。中央和省级有关部门要选择问题较多的市（地）、县，省级和市级有关部门也要选择问题较多的县、乡，联合开展农民负担综合治理，督促制定治理方案，排查突出问题，限期整改到位，切实防止区域性农民负担反弹。落实涉及农民负担案（事）件“责任追究制”，严肃处理违纪违规行为。

新形势下能否放松减轻农民负担监督管理工作？

20 世纪 90 年代以来，随着我国农村经济社会事业的发展，基层财力的支出缺口不断增大，各种收费不规范的问题日益突出，农民负担日趋加重。一方面，农村乱集资、乱摊派、乱罚款的“三乱”现象普遍存在且问题突出，搭车收费比较严重，向农民集资修建道路、兴修水利、办电等比较普遍，一些地方平摊农业特产税、屠宰税等问题严重，农民称为“头税轻，二税重，三税是个无底洞”；另一方面，一些地方为了多提留村提留和乡统筹费，在农民纯收入统计上弄虚作假，虚增收入，变相加重了农民负担，农民增收出现严重困难。在 1997 年到 2003 年的 7 年中，农民人均纯收入平均每年只增长了 4%，只相当于同期城市居民收入增幅的一半左右。

从 2006 年我国全面取消农业税，与改革前的 1999 年相比，全国农民人均减负 120 元左右。通过配套推进乡镇机构、农村义务教育管理体制和县乡财政管理体制改革，基本消除了农民负担反弹的隐患。

但是，农民负担产生的一些体制、机制性问题尚未彻底解决，主要表现在以下方面：一是城乡收入差距仍然很大，农村基础设施和社会事业仍然薄弱，公共财政的阳光普照农村还有很长的路要走；二是农村综合改革还在试点之中，农村生产关系和上层建筑还需要进一步调整和完善；三是一些地方政府行为不规范，激励机制与约束机制不对称的问题还没有得到很好解决；四是许多地方的基层民主管理制度还不完善，农民群众在村内事务上还难以真正行使知情权、决策权和监督权。破除这些体制、机制障碍需要一个长期的过程，因此，对农民负担监督管理工作仍不能放松。

当前减轻农民负担监管的范围是什么？

减轻农民负担工作要继续以维护农民合法权益为中心，适时调整监督管理工作范围。一是规范涉及农民负担的行政事业性收费的管理，加强对涉及农民负担文件出台、项目公示的审核；二是加强对农业生产性费用和村集体收费的监管。对农民反映强烈的农业灌溉水费电费、排涝排渍收费、农业生产资料价格等实行重点监管。同时，要将与农民负担有关的承包土地、“册外地”、草地等方面的不合理收费纳入监管范围；三是强化对村民“一事一议”筹资筹劳的监管，要纠正违背农民意愿、超范围超标准向农民筹资筹劳和强行以资代劳等问题，防止将“一事一议”筹资筹劳变为加重农民负担的新口子。同时，加强对筹集的资金、劳务和专项补助资金的管理，提高使用效率；四是开展对向农民专业合作经济组织乱收费、乱摊派等问题的监管，保护农民专业合作社经济组织及其成员的合法权益；五是做好对农民补贴补偿和对村级财政性补助资金的监管，并将农民反映强烈的征地补偿等涉及农民权益的问题纳入监管范围。以上这 5 个范围也是当前农民负担监管工作的重点。

从哪些方面完善农民负担监督管理制度？

完善农民负担监督管理制度，要从以下五个方面入手：一是建立健全涉及农民负担政策文件会签、信息公开和备案制度，各级有关部门出台涉及农民负担的政策文件必须会签同级人民政府农民负担监管部门；二是全面推行农村基础设施建设项目审核制度，对各级部门实施的建设项目，应由政府投入的，要及时足额到位，不得向农民和村级组织摊派；需要农民筹资筹劳的，必须经过同级人民政府农民负担监管部门审核，防止向村级组织和农民转嫁负担；三是建立农民参与农村基础设施建设项目管理机制，提高农民民主议事能力和管理水平；四是进一步完善农民负担监督卡制度，及时更新内容，标明举报电话，便于农民监督和反映问题；五是建立和完善农民负担监测制度，扩大监测范围，提高监测质量，为政府决策提供科学依据。

什么是村级“一事一议”筹资筹劳？

所谓“一事一议”筹资筹劳，是指在农村税费改革或取消农业税后，为兴办村民直接受益的集体生产生活等公益事业，遵循量力而行、群众受益、民主决策、上限控制、定向使用、财务公开的原则，通过村民大会或者村民代表会议集体讨论，筹集项目所需资金和劳务的一种农村公共产品提供方式。关于“一事一议”筹资筹劳的适用范围，中央有明确的规定，即“村内农田水利基本建设、道路修建、植树造林、农业综合开发有关的土地治理项目和村民认为需要兴办的集体生产生活等其他公益事业项目”。

2008年，国务院农村综合改革工作小组、财政部、农业部三部门以国农改[2008]2号文件，联合发布《关于开展村级公益事业建设一事一议财政奖补试点工作的通知》，要求做好全国村级公益事业建设“一事一议”财政奖补的试点工作。

“一事一议”筹资筹劳奖补范围包括两个层次：

1. 村级公益事业建设责任划分。村级公益事业与农民生产生活直接相关，受益面广，具有较强的公益性，属于准公共产品，政府、村集体经济组织和农民都有建设的责任。跨村以及村以上范围的公益事业建设项目投入应主要由各级政府分级负责，由现有的投入渠道解决；村内小型水利、村内道路、环卫设施、植树造林等村民直接受益的公益事业，应以村民通过“一事一议”筹资筹劳和村集体经济组织投入为主，国家适当给予奖补；农民房前屋后的修路、建厕、打井、植树等投资投劳应由农民自己负责。

2. “一事一议”筹资筹劳财政奖补范围。“一事一议”筹资筹劳财政奖补范围主要包括以村民“一事一议”筹资筹劳为基础，目前支农资金没有覆盖的村内水渠（灌溉区支渠以下的斗渠、毛渠）、堰塘、桥涵、机电井、小型提灌或排灌站等小型水利设施，村内道路（行政村到自然村或居民点）和环卫设施、植树造林等村级公益事业建设。

超过省级人民政府规定的筹资筹劳限额标准、举债兴办的村内公益事业建设等项目，不得列入奖补范围。村级公益事业建设“一事一议”筹资筹劳财政奖补项目要与现有支农项目的政策相衔接，既要防止已建成的“一事一议”筹资筹劳村级公益事业项目出现奖补遗漏和空白，也要防止重复补助和奖励。

农民负担监督卡应包括哪些内容?

农民负担监督卡是农民的"明白卡",是减轻农民负担政策的宣传卡,也是基层收缴税费的重要依据。各级农民负担监督管理部门要根据农民承担税费、劳务项目变化情况,及时进行监督卡内容的调整和规范工作。监督卡一般包括:

1. 农户家庭基本情况。包括户主姓名、人口、劳力和计税土地面积、计税常年产量、计税价格、税率等。

2. 村内兴办集体公益事业筹资、筹劳。

3. 共同生产性水电费等。

4. 涉农价格、收费公示内容。

5. 农户应享受的各种政策补贴。

6. 减轻农民负担政策的主要规定。

7. 农民的权利和义务。

要在监督卡醒目位置公布有农民负担监督举报电话。一卡在手农民就明白应该交什么,应该交多少,不该交什么,有了问题向谁反映。

农村综合改革涉及的主要内容包括哪些?

2006年,国务院印发《关于做好农村综合改革工作有关问题的通知》,提出要按照巩固农村税费改革成果和完善社会主义市场经济体制的要求,力争在"十一五"期间或用更长一些时间基本完成乡镇机构、农村义务教育、县乡财政管理体制改革任务,建立精干高效的农村行政管理体制和运行机制、覆盖城乡的公共财政制度、政府保障的农村义务教育体制,促进农民减负增收和农村社会事业发展,全面推进社会主义新农村建设。其主要内容包括:

1. 乡镇机构改革。乡镇机构改革的总要求是:坚持因地制宜、精简效能、权责一致的原则，转变政府职能，精简机构人员，提高行政效率，建立行为规范、运转协调、公正透明、廉洁高效的基层行政管理体制和运行机制。乡镇政府要重点强化以下职能：稳定农村基本经营制度，维护农民的主体地位和权益，组织农村基础设施建设，完善农业社会化服务体系；加快农村社会事业发展，为农民提供更多的公共服务；加强社会管理，开展农村扶贫和社会救助，化解农村社会矛盾，保持农村社会稳定；推动农村民主政治建设和村民自治，提高农民的民主法制意识。要合理调整乡镇政府机构，严格控制领导职数，改革和整合乡镇事业站所，创新服务方式。全面推行乡镇人员编制实名制管理，建立编制、人事、财政等部门协调机制，确保五年内乡镇机构编制和财政供养人数只减不增。按照国家规定做好乡镇事业单位人员社会保障工作，妥善安置分流人员。

2012 年，乡镇机构改革已全面完成，初步建立了精干高效的乡镇行政体制，改革了事业站所管理体制，创新了基层政府管理，切实加强和巩固了农村基层政权。

2. 农村义务教育改革。农村义务教育管理体制改革的总要求是：建立和完善政府投入办学、各级责任明确、财政分级负担、经费稳定增长的农村义务教育经费保障机制，推进农村义务教育综合改革，提高教育质量，促进教育公平。深化教育人事制度改革，依法全面实施教师资格准入制度，创新教师补充机制，建立教育教学质量监测考评制度，提高农村教师素质。加强农村中小学编制管理，坚决清退不合格和超编教职工。合理配置城乡教育资源，建立健全鼓励城镇教师、大学毕业生到农村支教制度和特设教师岗位制度，建设农村中小学现代远程教育体系。合理调整农村教育布局，提高教育资源利用效率，严禁超标准建设和搞不切实际的各种达标升级活动。

国家实施农村义务教育经费保障机制改革以来，农村义务教育全面纳入公共财政保障范围，政府投入办学的经费分担和管理机制逐步健全。2013 年中央财政安排经费保障机制改革资金已增加至 828.4 亿元，全国约有 1.2 亿名农村义务教育阶段学生全部享受免学杂费和免费教科书政策，约 1330 万名农村家庭经济困难寄宿生享受生活费补助。

3. 县乡财政体制改革。县乡财政管理体制改革的总要求是：按照社会主义市场经济条件下公共财政的原则要求，建立健全与事权相匹配的省以下财政管理体制，明确界定县乡政府支出责任，合理调整政府间收入划分，加大对县乡政府的转移支付力度，进一步完善财政奖补政策，切实提高基层政府经费保障能力。改善县乡财政困难状况，落实和完善财政对村级的补助政策，确保乡镇机构和乡村组织正常运转。调整财政支出结构，不断增加对农业和农村的投入，财政新增教育、卫生、文化等经费主要用于农村，国家基本建设资金增量主要用于农村，政府土地收益用于农村的比例要有明显增加。进一步加大支农资金整合力度。有条件的地方要继续推进“省直管县”的财政管理体制和“乡财县管乡用”财政管理方式改革。建立和完善农村“一事一议”筹资筹劳公益事业财政奖补政策，逐步形成以政府投入为引导、农民积极筹资投劳、社会力量广泛参与的多元化投入体系。加快农村公益事业产权制度改革，确保农村基础设施和公益事业健康发展。

各地按照国务院的统一要求和总体部署，积极行动，统筹规划，不断扩大改革试点范围。推进“省直管县”财政管理方式改革，不断充实“省直管县”改革内容。

如何进一步推进涉及农民负担相关领域改革?

进一步推进涉及农民负担相关领域改革主要从以下几个方面展开：

1. 坚持把农业农村基础设施作为中央预算内投资安排的优先领域，提高农村公益性建设项目的中央投资补助比例，减轻地方配套压力。

2. 继续深化农村综合改革，推动消除造成农民负担问题的体制机制性因素。

3. 继续完善农村义务教育经费保障机制，落实好农村义务教育学生营养改善计划，落实好国家助学政策。

4. 加强村级组织运转经费保障机制，将村干部报酬、村办公经费和其他必要支出作为保障重点，不断提高经费保障能力和水平。

5. 探索完善政府投入机制，积极创新征订方式等措施，进一步推动和改进党报党刊发行工作。

6. 进一步加大支持力度，完善现有农田水利设施，推进水价综合改革，鼓励农民节约用水，切实减少农民不合理水费支出。

附　录

附录一

中国农村扶贫开发纲要（2011—2020 年）

为进一步加快贫困地区发展，促进共同富裕，实现到 2020 年全面建成小康社会奋斗目标，特制定本纲要。

序　言

（一）扶贫事业取得巨大成就。消除贫困、实现共同富裕，是社会主义制度的本质要求。改革开放以来，我国大力推进扶贫开发，特别是随着《国家八七扶贫攻坚计划（1994 – 2000 年）》和《中国农村扶贫开发纲要（2001 – 2010 年）》的实施，扶贫事业取得了巨大成就。农村贫困人口大幅减少，收入水平稳步提高，贫困地区基础设施明显改善，社会事业不断进步，最低生活保障制度全面建立，农村居民生存和温饱问题基本解决，探索出一条中国特色扶贫开发道路，为促进我国经济发展、政治稳定、民族团结、边疆巩固、社会和谐发挥了重要作用，为推动全球减贫事业发展作出了重大贡献。

（二）扶贫开发是长期历史任务。我国仍处于并将长期处于社会主义初级阶段。经济社会发展总体水平不高，区域发展不平衡问题突出，制约贫困地区发展的深层次矛盾依然存在。扶贫对象规模大，相对贫困问题凸显，返贫现象时有发生，贫困地区特别是集中连片特殊困难地区（以下简称连片特困地区）发展相对滞后，扶贫开发任务仍十分艰巨。同时，我国工业化、信息化、城镇化、市场化、国际化不断深入，经济发展方式加快转变，国民经济保持平稳较快发展，综合国力明显增强，社会保障体系逐步健全，为扶贫开发创造了有利环境和条件。我国扶贫开发已经从以解决温饱为主要任务的阶段转入巩固温饱成果、加快脱贫致富、改善生态环境、提高发展能力、缩小发展差距的新阶段。

（三）深入推进扶贫开发意义重大。扶贫开发事关巩固党的执政基础，事关国家长治久安，事关社会主义现代化大局。深入推进扶贫开发，是建设中国特色社会主义的重要任务，是深入贯彻落实科学发展观的必然要求，是坚持以人为本、执政为民的重要体现，是统筹城乡区域发展、保障和改善民生、缩小发展差距、促进全体人民共享改革发展成果的重大举措，是全面建设小康社会、构建社会主义和谐社会的迫切需要。必须以更大的决心、更强的力度、更有效的举措，打好新一轮扶贫开发攻坚战，确保全国人民共同实现全面小康。

一、总体要求

（四）指导思想。高举中国特色社会主义伟大旗帜，以邓小平理论和“三个代表”重要思想为指导，深入贯彻落实科学发展观，提高扶贫标准，加大投入力度，把连片特困地区作为主战场，把稳定解决扶贫对象温饱、尽快实现脱贫致富作为首要任务，坚持政府主导，坚持统筹发展，更加注重转变经济发展方式，更加注重增强扶贫对象自我发展能力，更加注重基本公共服务均等化，更加注重解决制约发展的突出问题，努力推动贫困地区经济社会更好更快发展。

（五）工作方针。坚持开发式扶贫方针，实行扶贫开发和农村最低生活保障制度有效衔接。把扶贫开发作为脱贫致富的主要途径，鼓励和帮助有劳动能力的扶贫对象通过自身努力摆脱贫困；把社会保障作为解决温饱问题的基本手段，逐步完善社会保障体系。

（六）基本原则

——政府主导，分级负责。各级政府对本行政区域内扶贫开发工作负总责，把扶贫开发纳入经济社会发展战略及总体规划。实行扶贫开发目标责任制和考核评价制度。

——突出重点，分类指导。中央重点支持连片特困地区。加大对革命老区、民族地区、边疆地区扶持力度。根据不同地区经济社会发展水平，因地制宜制定扶贫政策，实行有差异的扶持措施。

——部门协作，合力推进。各相关部门要根据国家扶贫开发战略部署，结合各自职能，在制定政策、编制规划、分配资金、安排项目时向贫困地区倾斜，形成扶贫开发合力。

——自力更生，艰苦奋斗。加强引导，更新观念，充分发挥贫困地区、扶贫对象的主动性和创造性，尊重扶贫对象的主体地位，提高其自我管理水平和发展能力，立足自身实现脱贫致富。

——社会帮扶，共同致富。广泛动员社会各界参与扶贫开发，完善机制，拓展领域，注重实效，提高水平。强化政策措施，鼓励先富帮后富，实现共同富裕。

——统筹兼顾，科学发展。坚持扶贫开发与推进城镇化、建设社会主义新农村相结合，与生态建设、环境保护相结合，充分发挥贫困地区资源优势，发展环境友好型产业，增强防灾减灾能力，提倡健康科学生活方式，促进经济社会发展与人口资源环境相协调。

——改革创新，扩大开放。适应社会主义市场经济要求，创新扶贫工作机制。扩大对内对外开放，共享减贫经验和资源。继续办好扶贫改革试验区，积极探索开放式扶贫新途径。

二、目标任务

（七）总体目标。到 2020 年，稳定实现扶贫对象不愁吃、不愁穿，保障其义务教育、基本医疗和住房。贫困地区农民人均纯收入增长幅度高于全国平均水平，基本公共服务主要领域指标接近全国平均水平，扭转发展差距扩大趋势。

（八）主要任务

——基本农田和农田水利。到 2015 年，贫困地区基本农田和农田水利设施有较大改善，保障人均基本口粮田。到 2020 年，农田基础设施建设水平明显提高。

——特色优势产业。到 2015 年，力争实现 1 户 1 项增收项目。到 2020 年，初步构建特色支柱产业体系。

——饮水安全。到 2015 年，贫困地区农村饮水安全问题基本得到解决。到 2020 年，农村饮水安全保障程度和自来水普及率进一步提高。

——生产生活用电。到 2015 年，全面解决贫困地区无电行政村用电问题，大幅度减少西部偏远地区和民族地区无电人口数量。到 2020 年，全面解决无电人口用电问题。

——交通。到 2015 年，提高贫困地区县城通二级及以上高等级公路比例，除西藏外，西部地区 80% 的建制村通沥青（水泥）路，稳步提高贫困地区农村客运班车通达率。到 2020 年，实现具备条件的建制村通沥青（水泥）路，推进村庄内道路硬化，实现村村通班车，全面提高农村公路服务水平和防灾抗灾能力。

——农村危房改造。到 2015 年，完成农村困难家庭危房改造 800 万户。到 2020 年，贫困地区群众的居住条件得到显著改善。

——教育。到 2015 年，贫困地区学前三年教育毛入园率有较大提高；巩固提高九年义务教育水平；高中阶段教育毛入学率达到 80%；保持普通高中和中等职业学校招生规模大体相当；提高农村实用技术和劳动力转移培训水平；扫除青壮年文盲。到 2020 年，基本普及学前教育，义务教育水平进一步提高，普及高中阶段教育，加快发展远程继续教育和社区教育。

——医疗卫生。到 2015 年，贫困地区县、乡、村三级医疗卫生服务网基本健全，县级医院的能力和水平明显提高，每个乡镇有 1 所政府举办的卫生院，每个行政村有卫生室；新型农村合作医疗参合率稳定在 90% 以上，门诊统筹全覆盖基本实现；逐步提高儿童重大疾病的保障水平，重大传染病和地方病得到有效控制；每个乡镇卫生院有 1 名全科医生。到 2020 年，贫困地区群众获得公共卫生和基本医疗服务更加均等。

——公共文化。到 2015 年，基本建立广播影视公共服务体系，实现已通电 20 户以下自然村广播电视全覆盖，基本实现广播电视户户通，力争实现每个县拥有 1 家数字电影院，每个行政村每月放映 1 场数字电影；行政村基本通宽带，自然村和交通沿线通信信号基本覆盖。到 2020 年，健全完善广播影视公共服务体系，全面实现广播电视户户通；自然村基本实现通宽带；健全农村公共文化服务体系，基本实现每个国家扶贫开发工作重点县（以下简称重点县）有图书馆、文化馆，乡镇有综合文化站，行政村有文化活动室。以公共文化建设促进农村廉政文化建设。

——社会保障。到 2015 年，农村最低生活保障制度、五保供养制度和临时救助制度进一步完善，实现新型农村社会养老保险制度全覆盖。到 2020 年，农村社会保障和服务水平进一步提升。

——人口和计划生育。到2015年，力争重点县人口自然增长率控制在8‰以内，妇女总和生育率在1.8左右。到2020年，重点县低生育水平持续稳定，逐步实现人口均衡发展。

——林业和生态。到2015年，贫困地区森林覆盖率比2010年底增加1.5个百分点。到2020年，森林覆盖率比2010年底增加3.5个百分点。

三、对象范围

（九）扶贫对象。在扶贫标准以下具备劳动能力的农村人口为扶贫工作主要对象。建立健全扶贫对象识别机制，做好建档立卡工作，实行动态管理，确保扶贫对象得到有效扶持。逐步提高国家扶贫标准。各省（自治区、直辖市）可根据当地实际制定高于国家扶贫标准的地区扶贫标准。

（十）连片特困地区。六盘山区、秦巴山区、武陵山区、乌蒙山区、滇桂黔石漠化区、滇西边境山区、大兴安岭南麓山区、燕山－太行山区、吕梁山区、大别山区、罗霄山区等区域的连片特困地区和已明确实施特殊政策的西藏、四省藏区、新疆南疆三地州是扶贫攻坚主战场。加大投入和支持力度，加强对跨省片区规划的指导和协调，集中力量，分批实施。各省（自治区、直辖市）对所属连片特困地区负总责，在国家指导下，以县为基础制定和实施扶贫攻坚工程规划。国务院各部门、地方各级政府要加大统筹协调力度，集中实施一批教育、卫生、文化、就业、社会保障等民生工程，大力改善生产生活条件，培育壮大一批特色优势产业，加快区域性重要基础设施建设步伐，加强生态建设和环境保护，着力解决制约发展的瓶颈问题，促进基本公共服务均等化，从根本上改变连片特困地区面貌。各省（自治区、直辖市）可自行确定若干连片特困地区，统筹资源给予重点扶持。

（十一）重点县和贫困村。要做好连片特困地区以外重点县和贫困村的扶贫工作。原定重点县支持政策不变。各省（自治区、直辖市）要制定办法，采取措施，根据实际情况进行调整，实现重点县数量逐步减少。重点县减少的省份，国家的支持力度不减。

四、专项扶贫

（十二）易地扶贫搬迁。坚持自愿原则，对生存条件恶劣地区扶贫对象实行易地扶贫搬迁。引导其他移民搬迁项目优先在符合条件的贫困地区实施，加强与易地扶贫搬迁项目的衔接，共同促进改善贫困群众的生产生活环境。充分考虑资源条件，因地制宜，有序搬迁，改善生存与发展条件，着力培育和发展后续产业。有条件的地方引导向中小城镇、工业园区移民，创造就业机会，提高就业能力。加强统筹协调，切实解决搬迁群众在生产生活等方面的困难和问题，确保搬得出、稳得住、能发展、可致富。

（十三）整村推进。结合社会主义新农村建设，自下而上制定整村推进规划，分期分批实施。发展特色支柱产业，改善生产生活条件，增加集体经济收入，提高自我发展能力。以县为平台，统筹各类涉农资金和社会帮扶资源，集中投入，实施水、电、路、气、房和环境改善“六到农家”工程，建设公益设施较为完善的农村社区。加强整村推进后续管理，健全新型社区管理和服务体制，巩固提高扶贫开发成果。贫困村相对集中的地方，可实行整乡推进、连片开发。

（十四）以工代赈。大力实施以工代赈，有效改善贫困地区耕地（草场）质量，稳步增加有效灌溉面积。加强乡村（组）道路和人畜饮水工程建设，开展水土保持、小流域治理和片区综合开发，增强抵御自然灾害能力，夯实发展基础。

（十五）产业扶贫。充分发挥贫困地区生态环境和自然资源优势，推广先进实用技术，培植壮大特色支柱产业，大力推进旅游扶贫。促进产业结构调整，通过扶贫龙头企业、农民专业合作社和互助资金组织，带动和帮助贫困农户发展生产。引导和支持企业到贫困地区投资兴业，带动贫困农户增收。

（十六）就业促进。完善雨露计划。以促进扶贫对象稳定就业为核心，对农村贫困家庭未继续升学的应届初、高中毕业生参加劳动预备制培训，给予一定的生活费补贴；对农村贫困家庭新成长劳动力接受中等职业教育给予生活费、交通费等特殊补贴。对农村贫困劳动力开展实用技术培训。加大对农村贫困残疾人就业的扶持力度。

（十七）扶贫试点。创新扶贫开发机制，针对特殊情况和问题，积极开展边境地区扶贫、地方病防治与扶贫开发结合、灾后恢复重建以及其他特困区域和群体扶贫试点，扩大互助资金、连片开发、彩票公益金扶贫、科技扶贫等试点。

（十八）革命老区建设。国家对贫困地区的革命老区县给予重点扶持。

五、行业扶贫

（十九）明确部门职责。各行业部门要把改善贫困地区发展环境和条件作为本行业发展规划的重要内容，在资金、项目等方面向贫困地区倾斜，并完成本行业国家确定的扶贫任务。

（二十）发展特色产业。加强农、林、牧、渔产业指导，发展各类专业合作组织，完善农村社会化服务体系。围绕主导产品、名牌产品、优势产品，大力扶持建设各类批发市场和边贸市场。按照全国主体功能区规划，合理开发当地资源，积极发展新兴产业，承接产业转移，调整产业结构，增强贫困地区发展内生动力。

（二十一）开展科技扶贫。积极推广良种良法。围绕特色产业发展，加大科技攻关和科技成果转化力度，推动产业升级和结构优化。培育一批科技型扶贫龙头企业。建立完善符合贫困地区实际的新型科技服务体系，加快科技扶贫示范村和示范户建设。继续选派科技扶贫团、科技副县（市）长和科技副乡（镇）长、科技特派员到重点县工作。

（二十二）完善基础设施。推进贫困地区土地整治，加快中低产田改造，开展土地平整，提高耕地质量。推进大中型灌区续建配套与节水改造和小型农田水利建设，发展高效节水灌溉，扶持修建小微型水利设施，抓好病险水库（闸）除险加固工程和灌溉排水泵站更新改造，加强中小河流治理、山洪地质灾害防治及水土流失综合治理。积极实施农村饮水安全工程。加大牧区游牧民定居工程实施力度。加快贫困地区通乡、通村道路建设，积极发展农村配送物流。继续推进水电新农村电气化、小水电代燃料工程建设和农村电网改造升级，实现城乡用电同网同价。普及信息服务，优先实施重点县村村通有线电视、电话、互联网工程。加快农村邮政网络建设，推进电信网、广电网、互联网三网融合。

（二十三）发展教育文化事业。推进边远贫困地区适当集中办学，加快寄宿制学校建设，加大对边远贫困地区学前教育的扶持力度，逐步提高农村义务教育家庭经济困难寄宿生生活补助标准。免除中等职业教育学校家庭经济困难学生和涉农专业学生学费，继续落实国家助学金政策。在民族地区全面推广国家通用语言文字。推动农村中小学生营养改善工作。关心特殊教育，加大对各级各类残疾学生扶助力度。继续实施东部地区对口支援中西部地区高等学校计划和招生协作计划。贫困地区劳动力进城务工，输出地和输入地要积极开展就业培训。继续推进广播电视村村通、农村电影放映、文化信息资源共享和农家书屋等重大文化惠民工程建设。加强基层文化队伍建设。

（二十四）改善公共卫生和人口服务管理。提高新型农村合作医疗和医疗救助保障水平。进一步健全贫困地区基层医疗卫生服务体系，改善医疗与康复服务设施条件。加强妇幼保健机构能力建设。加大重大疾病和地方病防控力度。继续实施万名医师支援农村卫生工程，组织城市医务人员在农村开展诊疗服务、临床教学、技术培训等多种形式的帮扶活动，提高县医院和乡镇卫生院的技术水平和服务能力。加强贫困地区人口和计划生育工作，进一步完善农村计划生育家庭奖励扶助制度、“少生快富”工程和计划生育家庭特别扶助制度，加大对计划生育扶贫对象的扶持力度，加强流动人口计划生育服务管理。

（二十五）完善社会保障制度。逐步提高农村最低生活保障和五保供养水平，切实保障没有劳动能力和生活常年困难农村人口的基本生活。健全自然灾害应急救助体系，完善受灾群众生活救助政策。加快新型农村社会养老保险制度覆盖进度，支持贫困地区加强社会保障服务体系建设。加快农村养老机构和服务设施建设，支持贫困地区建立健全养老服务体系，解决广大老年人养老问题。加快贫困地区社区建设。做好村庄规划，扩大农村危房改造试点，帮助贫困户解决基本住房安全问题。完善农民工就业、社会保障和户籍制度改革等政策。

（二十六）重视能源和生态环境建设。加快贫困地区可再生能源开发利用，因地制宜发展小水电、太阳能、风能、生物质能，推广应用沼气、节能灶、固体成型燃料、秸秆气化集中供气站等生态能源建设项目，带动改水、改厨、改厕、改圈和秸秆综合利用。提高城镇生活污水和垃圾无害化处理率，加大农村环境综合整治力度。加强草原保护和建设，加强自然保护区建设和管理，大力支持退牧还草工程。采取禁牧、休牧、轮牧等措施，恢复天然草原植被和生态功能。加大泥石流、山体滑坡、崩塌等地质灾害防治力度，重点抓好灾害易发区内的监测预警、搬迁避让、工程治理等综合防治措施。

六、社会扶贫

（二十七）加强定点扶贫。中央和国家机关各部门各单位、人民团体、参照公务员法管理的事业单位和国有大型骨干企业、国有控股金融机构、国家重点科研院校、军队和武警部队，要积极参加定点扶贫，承担相应的定点扶贫任务。支持各民主党派中央、全国工商联参与定点扶贫工作。积极鼓励、引导、支持和帮助各类非公有制企业、社会组织承担定点扶贫任务。定点扶贫力争对重点县全覆盖。各定点扶贫单位要制定帮扶规划，积极筹措资金，定期选派优秀中青年干部挂职扶贫。地方各级党政机关和有关单位要切实做好定点扶贫工作，发挥党政领导定点帮扶的示范效应。

（二十八）推进东西部扶贫协作。东西部扶贫协作双方要制定规划，在资金支持、产业发展、干部交流、人员培训以及劳动力转移就业等方面积极配合，发挥贫困地区自然资源和劳动力资源优势，做好对口帮扶工作。国家有关部门组织的行业对口帮扶，应与东西部扶贫协作结对关系相衔接。积极推进东中部地区支援西藏、新疆经济社会发展，继续完善对口帮扶的制度和措施。各省（自治区、直辖市）要根据实际情况，在当地组织开展区域性结对帮扶工作。

（二十九）发挥军队和武警部队的作用。坚持把地方扶贫开发所需与部队所能结合起来。部队应本着就地就近、量力而行、有所作为的原则，充分发挥组织严密、突击力强和人才、科技、装备等优势，积极参与地方扶贫开发，实现军地优势互补。

（三十）动员企业和社会各界参与扶贫。大力倡导企业社会责任，鼓励企业采取多种方式，推进集体经济发展和农民增收。加强规划引导，鼓励社会组织和个人通过多种方式参与扶贫开发。积极倡导扶贫志愿者行动，构建扶贫志愿者服务网络。鼓励工会、共青团、妇联、科协、侨联等群众组织以及海外华人华侨参与扶贫。

七、国际合作

（三十一）开展国际交流合作。通过走出去、引进来等多种方式，创新机制，拓宽渠道，加强国际反贫困领域交流。借鉴国际社会减贫理论和实践，开展减贫项目合作，共享减贫经验，共同促进减贫事业发展。

八、政策保障

（三十二）政策体系。完善有利于贫困地区、扶贫对象的扶贫战略和政策体系。发挥专项扶贫、行业扶贫和社会扶贫的综合效益。实现开发扶贫与社会保障的有机结合。对扶贫工作可能产生较大影响的重大政策和项目，要进行贫困影响评估。

（三十三）财税支持。中央和地方财政逐步增加扶贫开发投入。中央财政扶贫资金的新增部分主要用于连片特困地区。加大中央和省级财政对贫困地区的一般性转移支付力度。加大中央集中彩票公益金支持扶贫开发事业的力度。对贫困地区属于国家鼓励发展的内外资投资项目和中西部地区外商投资优势产业项目，进口国内不能生产的自用设备，以及按照合同随设备进口的技术及配件、备件，在规定范围内免征关税。企业用于扶贫事业的捐赠，符合税法规定条件的，可按规定在所得税税前扣除。

（三十四）投资倾斜。加大贫困地区基础设施建设、生态环境和民生工程等投入力度，加大村级公路建设、农业综合开发、土地整治、小流域与水土流失治理、农村水电建设等支持力度。国家在贫困地区安排的病险水库除险加固、生态建设、农村饮水安全、大中型灌区配套改造等公益性建设项目，取消县以下（含县）以及西部地区连片特困地区配套资金。各级政府都要加大对连片特困地区的投资支持力度。

（三十五）金融服务。继续完善国家扶贫贴息贷款政策。积极推动贫困地区金融产品和服务方式创新，鼓励开展小额信用贷款，努力满足扶贫对象发展生产的资金需求。继续实施残疾人康复扶贫贷款项目。尽快实现贫困地区金融机构空白乡镇的金融服务全覆盖。引导民间借贷规范发展，多方面拓宽贫困地区融资渠道。鼓励和支持贫困地区县域法人金融机构将新增可贷资金 70% 以上留在当地使用。积极发展农村保险事业，鼓励保险机构在贫困地区建立基层服务网点。完善中央财政农业保险保费补贴政策。针对贫困地区特色主导产业，鼓励地方发展特色农业保险。加强贫困地区农村信用体系建设。

（三十六）产业扶持。落实国家西部大开发各项产业政策。国家大型项目、重点工程和新兴产业要优先向符合条件的贫困地区安排。引导劳动密集型产业向贫困地区转移。加强贫困地区市场建设。支持贫困地区资源合理开发利用，完善特色优势产业支持政策。

（三十七）土地使用。按照国家耕地保护和农村土地利用管理有关制度规定，新增建设用地指标要优先满足贫困地区易地扶贫搬迁建房需求，合理安排小城镇和产业聚集区建设用地。加大土地整治力度，在项目安排上，向有条件的重点县倾斜。在保护生态环境的前提下支持贫困地区合理有序开发利用矿产资源。

（三十八）生态建设。在贫困地区继续实施退耕还林、退牧还草、水土保持、天然林保护、防护林体系建设和石漠化、荒漠化治理等重点生态修复工程。建立生态补偿机制，并重点向贫困地区倾斜。加大重点生态功能区生态补偿力度。重视贫困地区的生物多样性保护。

（三十九）人才保障。组织教育、科技、文化、卫生等行业人员和志愿者到贫困地区服务。制定大专院校、科研院所、医疗机构为贫困地区培养人才的鼓励政策。引导大中专毕业生到贫困地区就业创业。对长期在贫困地区工作的干部要制定鼓励政策，对各类专业技术人员在职务、职称等方面实行倾斜政策，对定点扶贫和东西部扶贫协作挂职干部要关心爱护，妥善安排他们的工作、生活，充分发挥他们的作用。发挥创业人才在扶贫开发中的作用。加大贫困地区干部和农村实用人才的培训力度。

（四十）重点群体。把对少数民族、妇女儿童和残疾人的扶贫开发纳入规划，统一组织，同步实施，同等条件下优先安排，加大支持力度。继续开展兴边富民行动，帮助人口较少民族脱贫致富。推动贫困家庭妇女积极参与全国妇女“双学双比”

活动，关注留守妇女和儿童的贫困问题。制定实施农村残疾人扶贫开发纲要（2011 – 2020 年），提高农村残疾人生存和发展能力。

九、组织领导

（四十一）强化扶贫开发责任。坚持中央统筹、省负总责、县抓落实的管理体制，建立片为重点、工作到村、扶贫到户的工作机制，实行党政一把手负总责的扶贫开发工作责任制。各级党委和政府要进一步提高认识，强化扶贫开发领导小组综合协调职能，加强领导，统一部署，加大省县统筹、资源整合力度，扎实推进各项工作。进一步完善对有关党政领导干部、工作部门和重点县的扶贫开发工作考核激励机制，各级组织部门要积极配合。东部地区各省（直辖市）要进一步加大对所属贫困地区和扶贫对象的扶持力度。鼓励和支持有条件的地方探索解决城镇化进程中的贫困问题。

（四十二）加强基层组织建设。充分发挥贫困地区基层党组织的战斗堡垒作用，把扶贫开发与基层组织建设有机结合起来。选好配强村级领导班子，以强村富民为目标，以强基固本为保证，积极探索发展壮大集体经济、增加村级集体积累的有效途径，拓宽群众增收致富渠道。鼓励和选派思想好、作风正、能力强、愿意为群众服务的优秀年轻干部、退伍军人、高校毕业生到贫困村工作，帮助建班子、带队伍、抓发展。带领贫困群众脱贫致富有突出成绩的村干部，可按有关规定和条件优先考录为公务员。

（四十三）加强扶贫机构队伍建设。各级扶贫开发领导小组要加强对扶贫开发工作的指导，研究制定政策措施，协调落实各项工作。各省（自治区、直辖市）扶贫开发领导小组每年要向国务院扶贫开发领导小组报告工作。要进一步强化各级扶贫机构及其职能，加强队伍建设，改善工作条件，提高管理水平。贫困程度深的乡镇要有专门干部负责扶贫开发工作。贫困地区县级领导干部和县以上扶贫部门干部的培训要纳入各级党政干部培训规划。各级扶贫部门要大力加强思想、作风、廉政和效能建设，提高执行能力。

（四十四）加强扶贫资金使用管理。财政扶贫资金主要投向连片特困地区、重点县和贫困村，集中用于培育特色优势产业、提高扶贫对象发展能力和改善扶贫对象基本生产生活条件，逐步增加直接扶持到户资金规模。创新扶贫资金到户扶持机制，采取多种方式，使扶贫对象得到直接有效扶持。使用扶贫资金的基础设施建设项目，要确保扶贫对象优先受益，产业扶贫项目要建立健全带动贫困户脱贫增收的利益联接机制。完善扶贫资金和项目管理办法，开展绩效考评。建立健全协调统一的扶贫资金管理机制。全面推行扶贫资金项目公告公示制，强化审计监督，拓宽监管渠道，坚决查处挤占挪用、截留和贪污扶贫资金的行为。

（四十五）加强扶贫研究和宣传工作。切实加强扶贫理论和政策研究，对扶贫实践进行系统总结，逐步完善中国特色扶贫理论和政策体系。深入实际调查研究，不断提高扶贫开发决策水平和实施能力。把扶贫纳入基本国情教育范畴，作为各级领导干部和公务员教育培训的重要内容、学校教育的参考材料。继续加大扶贫宣传力度，广泛宣传扶贫开发政策、成就、经验和典型事迹，营造全社会参与扶贫的良好氛围。同时，向国际社会展示我国政府保障人民生存权、发展权的努力与成效。

（四十六）加强扶贫统计与贫困监测。建立扶贫开发信息系统，开展对连片特困地区的贫困监测。进一步完善扶贫开发统计与贫困监测制度，不断规范相关信息的采集、整理、反馈和发布工作，更加及时客观反映贫困状况、变化趋势和扶贫开发工作成效，为科学决策提供依据。

（四十七）加强法制化建设。加快扶贫立法，使扶贫工作尽快走上法制化轨道。

（四十八）各省（自治区、直辖市）要根据本纲要，制定具体实施办法。

（四十九）本纲要由国家扶贫开发工作机构负责协调并组织实施。

附录二

国务院办公厅《关于进一步动员社会各方面力量参与扶贫开发的意见》

国办发〔2014〕58号

各省、自治区、直辖市人民政府，国务院各部委、各直属机构：

广泛动员全社会力量共同参与扶贫开发，是我国扶贫开发事业的成功经验，是中国特色扶贫开发道路的重要特征。改革开放以来，各级党政机关、军队和武警部队、国有企事业单位等率先开展定点扶贫，东部发达地区与西部贫困地区结对扶贫协作，对推动社会扶贫发挥了重要引领作用。民营企业、社会组织和个人通过多种方式积极参与扶贫开发，社会扶贫日益显示出巨大发展潜力。但还存在着组织动员不够、政策支持不足、体制机制不完善等问题。为打好新时期扶贫攻坚战，进一步动员社会各方面力量参与扶贫开发，全面推进社会扶贫体制机制创新，经国务院同意，现提出以下意见：

一、总体要求和基本原则

（一）总体要求。坚持以邓小平理论、“三个代表”重要思想、科学发展观为指导，深入贯彻党的十八大和十八届二中、三中、四中全会精神，全面落实党中央、国务院关于扶贫开发的决策部署，大力弘扬社会主义核心价值观，大兴友善互助、守望相助的社会风尚，创新完善人人皆愿为、人人皆可为、人人皆能为的社会扶贫参与机制，形成政府、市场、社会协同推进的大扶贫格局。

（二）基本原则。

——坚持政府引导。健全组织动员机制，搭建社会参与平台，完善政策支撑体系，营造良好社会氛围。

——坚持多元主体。充分发挥各类市场主体、社会组织和社会各界作用，多种形式推进，形成强大合力。

——坚持群众参与。充分尊重帮扶双方意愿，促进交流互动，激发贫困群众内生动力，充分调动社会各方面力量参与扶贫的积极性。

——坚持精准扶贫。推动社会扶贫资源动员规范化、配置精准化和使用专业化，真扶贫、扶真贫，切实惠及贫困群众。

二、培育多元社会扶贫主体

（三）大力倡导民营企业扶贫。鼓励民营企业积极承担社会责任，充分激发市场活力，发挥资金、技术、市场、管理等优势，通过资源开发、产业培育、市场开拓、村企共建等多种形式到贫困地区投资兴业、培训技能、吸纳就业、捐资助贫，参与扶贫开发，发挥辐射和带动作用。

（四）积极引导社会组织扶贫。支持社会团体、基金会、民办非企业单位等各类组织积极从事扶贫开发事业。地方各级政府和有关部门要对社会组织开展扶贫活动提供信息服务、业务指导，鼓励其参与社会扶贫资源动员、配置和使用等环节，建设充满活力的社会组织参与扶贫机制。加强国际减贫交流合作。

（五）广泛动员个人扶贫。积极倡导“我为人人、人人为我”的全民公益理念，开展丰富多样的体验走访等社会实践活动，畅通社会各阶层交流交融、互帮互助的渠道。引导广大社会成员和港澳同胞、台湾同胞、华侨及海外人士，通过爱心捐赠、志愿服务、结对帮扶等多种形式参与扶贫。

（六）深化定点扶贫工作。承担定点扶贫任务的单位要发挥各自优势，多渠道筹措帮扶资源，创新帮扶形式，帮助协调解决定点扶贫地区经济社会发展中的突出问题，做到帮扶重心下移，措施到位有效，直接帮扶到县到村。定期选派优秀中青年干部挂职扶贫、驻村帮扶。定点扶贫单位负责同志要高度重视本单位定点扶贫工作，深入开展调研，加强对定点扶贫工作的组织领导。

（七）强化东西部扶贫协作。协作双方要强化协调联系机制，继续坚持开展市县结对、部门对口帮扶。注重发挥市场机制作用，按照优势互补、互利共赢、长期合作、共同发展的原则，通过政府引导、企业协作、社会帮扶、人才交流、职业培训等多种形式深化全方位扶贫协作，推动产业转型升级，促进贫困地区加快发展，带动贫困群众脱贫致富。协作双方建立定期联系机制，加大协作支持力度。加强东西部地区党政干部、专业技术人才双向挂职交流，引导人才向西部艰苦边远地区流动。各省（区、市）要根据实际情况，在本地区组织开展区域性结对帮扶工作。

三、创新参与方式

（八）开展扶贫志愿行动。鼓励和支持青年学生、专业技术人才、退休人员和社会各界人士参与扶贫志愿者行动，建立扶贫志愿者组织，构建贫困地区扶贫志愿者服务网络。组织和支持各类志愿者参与扶贫调研、支教支医、文化下乡、科技推广等扶贫活动。

（九）打造扶贫公益品牌。继续发挥“光彩事业”、“希望工程”、“母亲水窖”、“幸福工程”、“母亲健康快车”、“贫困地区儿童营养改善”、“春蕾计划”、“集善工程”、“爱心包裹”、“扶贫志愿者行动计划”等扶贫公益品牌效应，积极引导社会各方面资源向贫困地区聚集，动员社会各方面力量参与“雨露计划”、扶贫小额信贷和易地扶贫搬迁等扶贫开发重点项目，不断打造针对贫困地区留守妇女、儿童、老人、残疾人等特殊群体的一对一结对、手拉手帮扶等扶贫公益新品牌。

（十）构建信息服务平台。以贫困村、贫困户建档立卡信息为基础，结合集中连片特殊困难地区区域发展与扶贫攻坚规划，按照科学扶贫、精准扶贫的要求，制定不同层次、不同类别的社会扶贫项目规划，为社会扶贫提供准确的需求信息，推进扶贫资源供给与扶贫需求的有效对接，进一步提高社会扶贫资源配置与使用效率。

（十一）推进政府购买服务。加快推进面向社会购买服务，支持参与社会扶贫的各类主体通过公开竞争的方式，积极参加政府面向社会购买服务工作，政府部门择优确定扶贫项目和具体实施机构。支持社会组织承担扶贫项目的实施。

四、完善保障措施

（十二）落实优惠政策。按照国家税收法律及有关规定，全面落实扶贫捐赠税前扣除、税收减免等扶贫公益事业税收优惠政策，以及各类市场主体到贫困地区投资兴业、带动就业增收的相关支持政策。降低扶贫社会组织注册门槛，简化登记程序，对符合条件的社会组织给予公益性捐赠税前扣除资格。对积极参与扶贫开发、带动贫困群众脱贫致富、符合信贷条件的各类企业给予信贷支持，并按有关规定给予财政贴息等政策扶持。鼓励有条件的企业自主设立扶贫公益基金。

（十三）建立激励体系。以国务院扶贫开发领导小组名义定期开展社会扶贫表彰，让积极参与社会扶贫的各类主体政治上有荣誉、事业上有发展、社会上受尊重。对贡献突出的企业、社会组织和各界人士，在尊重其意愿前提下可给予项目冠名等激励措施。

（十四）加强宣传工作。把扶贫纳入基本国情教育范畴，大力弘扬社会主义核心价值观，开展扶贫系列宣传活动。创新社会扶贫宣传形式，拓宽宣传渠道，加强舆论引导，统筹推进社会扶贫先进事迹宣传报道工作，宣传最美扶贫人物，推出扶贫公益广告，倡导社会扶贫参与理念，营造扶贫济困的浓厚社会氛围。

（十五）改进管理服务。地方各级政府和有关部门要适应社会扶贫体制机制改革创新需要，深入调查研究，强化服务意识，搭建社会参与平台，提高社会扶贫工作的管理服务能力。完善定点扶贫和东西部扶贫协作工作考核评估制度。加强对社会扶贫资源筹集、配置和使用的规范管理。建立科学、透明的社会扶贫监测评估机制，推动社会扶贫实施第三方监测评估。创新监测评估方法，公开评估结果，增强社会扶贫公信力和影响力。加强贫困地区基层组织建设，开发贫困地区人力资源，提高农村致富带头人和贫困群众的创业就业能力。充分尊重贫困群众的主体地位和首创精神，把贫困地区的内生动力和外部帮扶有机结合，不断提高贫困地区和贫困群众的自我发展能力。

（十六）加强组织动员。国务院各部门和有关单位要密切合作，加强协调动员，按照职能分工落实相关政策，推进各项工作。扶贫部门要加强社会扶贫工作的组织指导和协调服务。财政、税务、金融部门要落实财税和金融支持政策措施。人力资源社会保障部门要落实挂职扶贫干部、驻村帮扶干部和专业技术人员相关待遇。民政部门要将扶贫济困作为促进慈善事业发展的重点领域，支持社会组织加强自身能力建设，提高管理和服务水平。工会、共青团、妇联、残联、工商联要发挥各自优势积极参与扶贫工作。地方各级政府要完善工作体系，建立工作机制，落实工作责任。要汇全国之力、聚各方之财、集全民之智，加快推进扶贫开发进程。

国务院办公厅

2014 年 11 月 19 日